Ulmer Taschenbuch 42

D1931298

Doris Baumann

Der junge Hund

Erziehung und Haltung im ersten Lebensjahr

2., verbesserte Auflage
62 Farbfotos
7 Zeichnungen

E.U.
VERLAG
EUGEN
ULMER

Zeichnungen von Gernot Baumann
Umschlagfoto: Basset
Foto Seite 2: Entlebucher Sennenhund
Beide Fotos von Hans Reinhard

Die Deutsche Bibliothek–CIP-Einheitsaufnahme

Baumann, Doris:
Der junge Hund: Erziehung und Haltung im ersten
Lebensjahr / Doris Baumann. – 2. Aufl. – Stuttgart : Ulmer, 1992
(Ulmer-Taschenbuch; 42)
ISBN 3-8001-6814-6

NE: GT

© 1989, 1992 Eugen Ulmer & Co.
Wollgrasweg 41, 7000 Stuttgart 70 (Hohenheim)
Das Werk einschließlich aller seiner Teile ist urheberrechtlich geschützt. Jede Verwertung außerhalb der engen Grenzen des Urheberrechtsgesetzes ist ohne Zustimmung des Verlages unzulässig und strafbar. Das gilt insbesondere für Vervielfältigungen, Übersetzungen, Mikroverfilmungen und die Einspeicherung und Verarbeitung in elektronischen Systemen.
Printed in Germany
Lektorat: Ulrich Commerell
Herstellung: Gabriela Wieczorek
Satz: Typobauer Filmsatz GmbH, Ostfildern 3
Druck und Bindung: Georg Appl, Wemding

Vorwort

Das Buch »Der junge Hund« will an das vorangegangene TB »Beliebte Hunde« anknüpfen, welches sich in erster Linie an diejenigen wendet, die vor der Anschaffung eines Hundes stehen. Das nun vorliegende Buch nimmt Stellung zu all jenen Fragen, die den Hundehalter gerade im ersten Lebensjahr des jungen Hundes beschäftigen und deren Beantwortung das künftige Leben miteinander bestimmen, deren Entscheidung aber auch für die Aufzucht und Haltung des Hundes von eminenter Bedeutung sind.

Im Laufe von über 30 Jahren der Hundehaltung, -erziehung und -zucht habe ich immer wieder erfahren, daß der Hundehalter-Neuling besonders im ersten Jahr des gemeinsamen Zusammenseins mit dem jungen Hund recht unsicher und auf sich allein gestellt ist. Ein verantwortungsbewußter Züchter gibt wohl beim Kauf des Hundes Anleitungen mit, die bei der Haltung und Fütterung zu beachten sind und steht auch später mit Rat und Tat zur Seite. Das ist aber leider nicht immer so. Statt dessen wird der frischgebackene Hundebesitzer mit gutgemeinten Ratschlägen Außenstehender überschüttet, deren Beherzigung und Auswirkungen jedoch oft von zweifelhaftem Nutzen sind.

Da Fehler sowohl in der Erziehung als auch in der Fütterung meist irreparable Schäden in psychischer und physischer Hinsicht zur Folge haben, soll dem Hundehalter, der den ersten Hund sein eigen nennt, ein Leitfaden an die Hand gegeben werden, der gerade für das so wichtige erste Lebensjahr des jungen Hundes richtungweisend sein kann.

Das erste Kapitel des Buches befaßt sich mit dem Einzug des jungen Hundes in sein neues Zuhause, mit der ›Erstausstattung‹ des Hundes und schließlich mit der Integration in den täglichen Ablauf und Rhythmus der Familie.

Danach werden dem ersten Spaziergang und den möglichen Konfrontationen auf der Straße Beachtung geschenkt und die wichtigsten Erziehungspunkte aufgegriffen.

Der weitaus größte Teil des Buches ist der gesamten Thematik ›Fütterung‹ gewidmet und schließt auch Futterzusammenstellungen und Hinweise auf die richtigen Ernährungsbestandteile ein. Schließlich wird auf die nötige Pflege des Hundes eingegangen, auf die Vorsorge zur Gesunderhaltung und auch die immer noch gefürchteten Infektionskrankheiten, denen durch eine Schutzimpfung erfolgreich zu begegnen ist, werden beschrieben.

Wenn das Buch dazu beiträgt, die Beziehung Mensch/Hund zu einem ersprießlichen Miteinander werden zu lassen zum Wohle des Hundes und zur Freude des Hundehalters, dann ist der beabsichtigte Zweck erfüllt und das Ziel erreicht.

Bad Urach, Doris Baumann

Inhalt

Aufmerksam schaut der junge Wolfsspitz zu seinem Gegenüber.

Ein junger Hund kommt ins Haus

Nach reiflichen Überlegungen vor dem Kauf eines Hundes ist die Entscheidung für ein Jungtier gefallen. Um dem jungen Hund die Trennung von Mutter und Geschwistern und das Einleben im neuen Heim zu erleichtern, gilt es, einige Punkte zu beachten. Nirgendwann in späterer Zeit erlebt der Hund einen so gravierenden Einschnitt, wie es die Umstellung vom bisher Gewohnten in eine völlig neue Welt mit sich bringt. Während das Leben bis jetzt in geordneten Bahnen verlief, kommt nun täglich etwas Neues, Aufregendes auf den jungen Hund zu. Aber auch für den stolzen Hundebesitzer ändert sich der seitherige Tagesablauf und gewohnte Rhythmus ganz entscheidend. Ein junger Hund bringt fast so viel Ungewohntes in die Familie wie ein neugeborenes Baby. Und wie für das zu erwartende Baby trifft man auch Vorbereitungen für die Ankunft des jungen Hundes.

Beim Abholen des Hundes von der Zuchtstätte sollte sich die Person, die später in der Regel das Futter verabreicht und die Erziehung in erster Linie übernimmt, das junge Tier während der Nachhausefahrt auf den Schoß nehmen. So wird der Abschiedsschmerz etwas gemildert und der junge Hund kann gleich ein wenig Vertrauen zu seiner Bezugsperson gewinnen. Überhaupt ist anzuraten, daß nicht zu viele Personen sich anfangs des jungen Hundes annehmen, um ihn in Ruhe zu den neuen Lebensumständen finden zu lassen. Er lernt schon bald, welche Personen zur Familie gehören. Deshalb darf der junge Hund nicht in der ganzen Nachbarschaft herumgereicht werden, und auch ein Streichelnlassen von familienfremden Personen sollte man nach Möglichkeit unterbinden. Es steht außer Zweifel, daß der junge Hund besonders viel Zuwendung und Streicheleinheiten benötigt, wie ihn auch ein sanftes auf ihn Einreden beruhigt; die Zuwendung geht aber ausschließlich vom Herrchen und dessen Familie aus; Außenstehende sind daran nicht beteiligt. Wie sonst sollte der spätere Wachhund erkennen, wen es zu verteidigen und wen anzugreifen gilt. Freunde der Familie werden im Laufe der Zeit auch als solche erkannt und akzeptiert.

Manche Züchter geben dem jungen Hund eine Decke oder ein ihm bekanntes Spielzeug mit. Heimische Düfte helfen natürlich beim Eingewöhnen sehr. Einer ›Beigabe‹ bedarf es auch, wenn der junge Hund nicht beim Züchter abgeholt werden kann und mit der Bahn oder per Flugzeug geschickt wird.

Die Versandkiste muß genügend geräumig sein, damit sich der junge Hund auf einer langen Reise auch einmal drehen und wenden kann. Fluggesellschaften stellen Versandkisten in verschiedenen Größen zur Verfügung. Als richtige Unterlage dient etwas zerkleinertes Stroh auf dem Kistenboden. Das Einbringen von Decken und dergleichen ist sicher gut gemeint, da sie aber der Hund während einer längeren Reise zerreißen könnte, besteht die Gefahr, daß Stoffetzen die Luftlöcher blockieren, was bei einer Stroheinlage nicht möglich ist. Der Käfig für den Transport muß gut verschlossen und mit dem Hinweis versehen sein, daß der Hund unterwegs nicht getränkt oder gefüttert wird. Einen Nachtflug

Oben: Ob lange Leine oder kurze Führleine: Immer ist ein in sich drehbarer Karabinerhaken erforderlich.

Mitte: Einfaches Lederhalsband für die Erstausstattung des jungen Hundes.

gemessen an der Entfernung von Frankfurt/Main nach San Francisco übersteht ein junger Hund ohne Futter bestens, und man muß dann keine Befürchtungen hegen, daß das kleine Kerlchen im Flugzeug oder bei einer Zwischenlandung irgendwo spazierengeht.

Ob der Transport nun per Bahn oder Flugzeug erfolgt, in jedem Fall ist die Nachtbeförderung anzustreben. Nachts ist der Hund ruhiger. Zum besseren Eingewöhnen sollte er allerdings möglichst am Tage in seinem neuen Zuhause ankommen, damit er noch alles erkunden und erforschen kann.

Dennoch resultiert aus dem Transport in einer Kiste beziehungsweise einem Versandkäfig ein mehr oder minder großer Schock, den der junge Hund nun zusätzlich zum Eingewöhnen noch verkraften muß; eine gewisse Platzangst kann zeitlebens bestehenbleiben.

Allerdings gibt es auch ganz hartgesottene Junghunde, denen all das nicht das Geringste ausmacht; sie sind aber sicher in der Minderheit.

Wenn zuvor von Streicheleinheiten gesprochen wurde, soll das aber beileibe nicht heißen, aus übergroßem Mitleid das bedauernswerte Geschöpf den lieben langen Tag zu verwöhnen. Damit tut man dem jungen Hund gar nichts Gutes an – im Gegenteil; er würde sich nur schwer dreinfinden, wenn der Alltag es erfordert, daß man sich nicht mehr rund um die Uhr mit ihm beschäftigen kann. Das neue Familienmitglied – als solches wollen wir den jungen Hund betrachten – soll selbstverständlich die Fürsorge der Familie – seiner Familie – als wohltuend empfinden, gleichzeitig aber lernen, daß nicht immer und überall jemand um ihn herum sein kann.

Was der junge Hund an ›Aussteuer‹ benötigt, wird nachfolgend aufgeführt.

Das ›Zubehör‹ des jungen Hundes

Mit dem Kauf des jungen Hundes allein ist es nicht getan. Er benötigt eine sogenannte Erstausstattung.

Dazu gehört ein schmales Lederhalsband (erst später kann der Hund, vor allem dann, wenn er einer großwüchsigen Rasse angehört, eine Halskette bekommen – ein Gliederhalsband; siehe auch S. 48) und eine Leine mit einem Karabinerhaken zum Einhängen in den Ring des Halsbandes. Die Leinen mit einem Mechanismus zum Aus- und Zurückrollen bieten dem Hund ein größtmögliches Maß an Bewegungsfreiheit. Natürlich kann der Hund damit nicht ›bei Fuß‹ gehen, denn eine Einwirkung seitens des Hundeführers ist nicht möglich. Als Alternative zum freien Laufen eignen sie sich jedoch gut.

Die Anschaffung eines Hundekörbchens sollte erst dann in Erwägung gezogen werden, wenn sichergestellt ist, daß es der junge Hund nicht mehr durch Zernagen beschädigt. Für den Anfang erfüllt eine Holzkiste ebenso ihren Zweck. Der junge Hund muß bequem in die Kiste einsteigen und heraus können. Ein Ausschnitt auf der Vorderseite erleichtert den Ein- und Ausstieg.

Unten: Abrollbare Leine, die dem Hund den gewünschten Freiraum beim Spazierengehen verschafft. Für Erziehungsmaßnahmen ist sie allerdings weniger geeignet.

In der Kiste liegt als Unterlage eine Wolldecke, in die sich der junge Hund so richtig hineinkuscheln kann. Hunde lieben keine glatte Unterlage in ihrer Schlafstatt; sie legen einen Feuereifer an den Tag, wenn es gilt, ihr Lager ›gemütlich‹ herzurichten. Auf einer glattgestrichenen Unterlage könnte der junge Hund zudem auch frieren.

Eine Kinderbettmatratze eignet sich ebenfalls als Hundelager; aber auch hier muß wiederum eine Wolldecke aufgelegt werden, die sich der junge Hund zum Nest zurechtscharrt. Zum Mitnehmen auf Reisen ist so eine kleine Matratze sehr praktisch.

Alle für das Hundelager verwendeten Decken müssen natürlich waschbar sein, das heißt, man braucht wenigstens zwei Decken zum Wechseln.

Für das Futter und das Wasser ist je eine stabile Schüssel notwendig. Die Schüsseln sollen eine gute Standfestigkeit aufweisen, damit sie der junge Hund in seinem Übermut nicht umwerfen kann.

Zur Pflege des Hundes kauft man eine Bürste. Im Kapitel Pflege wird noch genau auf die Beschaffenheit eingegangen. Im Fachhandel sind für jede Haarstruktur die passenden Bürsten erhältlich. Ein breitzinkiger Kamm eignet sich für Hunde mit langem Haar.

Um dem Nagebedürfnis des jungen Hundes entgegenzukommen, erhält er einen Knochen aus Büffelhaut. Dieser hat die Eigenschaft, nach längerem Draufherumkauen mit der Zeit so weich zu werden, daß ihn der Hund verzehren kann. Der Nachteil dieser Büffelhautknochen (es gibt auch kleine Schuhe u.ä. aus diesem Material) be-

Die Kiste für den Hund muß seiner Größe angepaßt sein. Eine hineingelegte Wolldecke ermöglicht ihm ein Hineinkuscheln. Für den bequemen Ein- und Ausstieg muß die Kiste mit einem entsprechenden Ausschnitt versehen sein.

Eine Kinderbettmatratze mit Wolldeckenauflage wird vom Hund gerne als Lager angenommen. Die Matratze eignet sich auch sehr gut als Reisebett für den Hund.

Stabiles Hundekörbchen mit passender Matratze sowie Einschnitt für den Ein- und Ausstieg.

Oben: Zur Ausstattung des Hundes gehört je eine standfeste Futter- u. Wasserschüssel.

Mitte: Der junge Hund benötigt sehr viel Spielzeug.

Unten: Büffelhautknochen in verschiedenster Form können vom Hund vollständig – nach entsprechendem Einspeicheln – verzehrt werden.

steht darin, daß sie nach langem Benutzen sehr schmierig werden und nicht so appetitlich für die Wohnung sind. Sauberer und auch sehr gut für die Zähne des jungen Hundes sind Rinderklauen, die man in verschiedenen Größen erstehen kann. Daran vermag der Hund seine Beißwerkzeuge ordentlich zu wetzen.

Der junge Hund will – wie kleine Kinder auch – spielen. Der beliebte alte Pantoffel wird zwar mit Begeisterung vom Hund angenommen; es ist aber schwierig ihm klarzumachen, daß eben nur dieser eine Schuh zum Spielen gedacht ist und alle anderen Schuhe nicht. Stehen ein Paar – nicht für den Hund zum Spielen gedachte – Schuhe in der Wohnung herum, das heißt, sind solche für den Hund erreichbar, dann darf man sich nicht wundern, wenn der junge Hunde sich diese aneignet. Er kann keinen Unterschied zwischen dem Spielschuh und Herrchens Sonntags-Ausgehschuhen machen. Entweder sind alle Schuhe für den Hund ›Pfui‹, oder er bekommt halt einen alten Pantoffel zum Spielen und alle anderen Schuhe müssen für ihn unerreichbar bleiben.

Ein Hartgummiball ist auch für die Zuschauer ein wahres Vergnügen. Der junge Hund springt danach und spielt damit wie ein Kätzchen.

Plastikspielzeug, das splittern könnte, gehört nicht in die Hunde-Spielkiste. Nur Spielzeug aus Hartgummi darf Verwendung finden.

Gerne vergnügt sich der junge Hund auch mit dem Papprohr einer WC-Rolle oder mit einer alten Gebäckdose o.a. aus Pappe. Die Freude an solchen

Ein Hundemantel schützt vor Regen und im Winter vor Kälte. Er ist bei kurzhaarigen Rassen durchaus empfehlenswert. Hunde mit dicker Wolle benötigen ihn normalerweise nicht.

Dingen ist natürlich kurz, weil sie der Hund bald zerfetzt. Aber es ist wieder einmal etwas Neues, und Abwechslung braucht der junge Hund in allen Dingen.

Ob der junge Hund ein Mäntelchen benötigt, richtet sich nach der Rasse und der Strenge des Winters. Solche Mäntel sind außen abwaschbar - also wetterfest - und innen mit Webpelz ausgefüttert.

Unterbringung

Wohnung

In der überwiegenden Mehrzahl aller Hundehaltungen wird ein Einzeltier in der Wohnung gehalten. Dagegen ist grundsätzlich nichts einzuwenden, vorausgesetzt, dem Hund wird genügend freier Auslauf gewährt und das nicht nur ab und zu einmal sondern täglich. Auch eine Dogge oder eine andere große Rasse kann in einer Wohnung leben, wenn diese so geräumig ist, daß sich der Hund ungehindert bewegen kann und nicht mit der wedelnden Rute Tische abgeräumt werden. Bei solch großwüchsigen Hunden sollte wenigstens ein Garten zur Verfügung stehen.

Es genügt nicht, mit dem angeleinten Hund einmal am Tag einen Spaziergang zu machen. Zur Entwicklung eines korrekten Körperbaus ist ausreichende Bewegung ebenso wichtig wie gutes und reichliches Futter. Unter Berücksichtigung dessen, daß der Hund nun einmal ein Lauftier ist, kann auch die kleinste Rasse ohne Auslauf nicht gedeihen. Leider sieht man immer wieder Hunde, die kleinen und Zwerg-Rassen angehören, die viel zu fett und entsprechend träge sind. Und gerade diese Hundehalter meinen, nur das Allerbeste für ihren Liebling zu tun; das ist aber im Falle von Überfütterung bei zu wenig Bewegung Tierquälerei. Nicht umsonst haben solche Hündchen denn auch Gebrechen, die vom Herzfehler bis zu schwersten degenerativen Erscheinungen reichen.

Ein Garten ersetzt nun aber nicht den täglichen Spaziergang. Der junge Hund muß auch Gelegenheit haben, anderen Hunden zu begegnen, um ein gesundes, normales Verhalten diesen gegenüber aufbauen zu können. Ein Hund, der ausschließlich auf den Menschen geprägt ist, entwickelt ein gestörtes Verhältnis zu seinesgleichen (siehe dazu auch S. 101 f.).

Bereits vor der Ankunft des jungen Hundes in sein neues Zuhause wird

Ein alter Fernsehsessel eignet sich vorzüglich als Hundelager.

sein künftiges Plätzchen gerichtet. Das Körbchen oder Kistchen stellt man so auf, daß er dort auch einmal ungestörte Ruhe findet; andererseits soll er aber von seinem Plätzchen aus alles beobachten können. Diese Möglichkeit ist am ehesten in der Diele des Hauses gegeben, die von jedem Mitglied der Familie passiert wird. Auf diese Weise lernt der junge Hund rasch die einzelnen Familienangehörigen kennen und wird mit ihnen vertraut.

Eine Decke, die der junge Hund schon beim Züchter benutzen durfte und die so schön nach Mutter und Geschwistern riecht, und die er nun an seinem neuen Platz vorfindet, erleichtert dem jungen Hund die Eingewöhnung erheblich. Es muß ja nicht unbedingt eine große Decke sein, die heimatliche Gerüche verbreitet; ein kleiner Stofflappen oder etwas Stroh, sofern es in der bisherigen Schlafstatt Verwendung fand, erfüllt den gleichen Zweck.

Vom ersten Tag an darf der junge Hund nur in dem für ihn vorgesehenen Kistchen, oder welches Lager man sonst wählte, schlafen. Die ersten Tage sind sicher schlimm für das kleine Kerlchen, das sich vorher bei Mutter und Geschwistern geborgen fühlte. Zwar versucht die Familie, dem jungen Hund so weit wie möglich von nun an ›Rudel‹ zu sein; aber zu Anfang ist das für das Hundekind noch kein Ersatz. Winseln und Bellen dürfen den Hundehalter in der Frage der Unterbringung nicht erweichen. Nach zwei bis drei Nächten ist der ärgste Schmerz vorüber und der junge Hund wird sich schließlich fügen und in seinem Körbchen oder Kistchen schlafen.

Das Eingewöhnen bereitet überhaupt keine Schwierigkeiten, wenn bereits ein älterer Hund im Haus lebt, der den Neuankömmling toleriert oder vielleicht sogar bemuttert.

Damit der junge Hund, der künftig in einem Zwinger untergebracht werden soll, zu dem Trennungsschmerz von seinem bisherigen Rudel nicht auch noch unter dem Gefühl des Alleingelassenseins leiden muß, geschieht die Eingewöhnung über die Wohnung, die er ja schließlich später auch bewachen soll. Man kann einen jungen Hund nicht aus seiner Geborgenheit reißen und ihn dann mit seinem Kummer ganz allein in einen Zwinger verbringen. Anders verhält es sich bei einem Wechsel von einem Züchter zum anderen. Hier wird der junge Hund rasch mit seiner neuen Meute vertraut und

Holzpritsche für den Zwinger.

kaum trauern. Auf den einzeln gehaltenen Zwingerhund muß man schon ein wenig mehr eingehen. Das erste Futter sollte das neue Herrchen allerdings im Zwinger verabreichen, damit der junge Hund mit dem Aufenthalt im Zwinger Angenehmes verknüpft. Wenn der zukünftige Zwingerhund jeden Tag etwas länger im Zwinger verbleibt, wird er sich auch allmählich ganz daran gewöhnen, zumal der Zwinger ohnehin kein Ersatz für die unabdingbare Ansprache des Menschen und für die notwendigen Spaziergänge ist. Auch wenn der Hund überwiegend im Zwinger lebt und auch dort schläft, darf der Kontakt zum Menschen dadurch nicht leiden.

Zwinger

Für die Haltung eines Hundes im Zwinger sind bestimmte Voraussetzungen zu erfüllen. Die Rechtsverordnung zum Tierschutzgesetz schreibt vor, daß Hunde nur dann in offenen oder teilweise offenen Zwingern gehalten werden dürfen, wenn ihnen innerhalb des Zwingers oder unmittelbar mit dem Zwinger verbunden ein Schutzraum zur Verfügung steht. Dieser Schutzraum muß so bemessen sein, daß der Hund sich darin verhaltensgerecht bewegen und den Raum durch die eigene Körperwärme warmhalten kann. Die Öffnung des Schutzraumes darf nur so groß sein, daß der Hund ungehindert hindurch gelangt. Sie muß der Wetterseite abgewandt und gegen Wind und Niederschlag abgeschirmt sein.

Wird als Schutzraum lediglich eine Hundehütte verwendet, sollte diese doppelwandig sein. Um den Hund vor Zugluft zu schützen, nagelt man ganz einfach vor den Ausschlupf einen Sack, der freilich öfter zu erneuern ist, weil ihn der junge Hund bald zerfetzt hat.

Eine Hundehütte mit einem Vorbau bietet schon mehr Komfort. Der Hund kann hier auch einmal seine Nase herausstecken, ohne dem Regen oder Wind direkt ausgesetzt zu sein. Auch vermag er trockenen Fußes in sein Lager zu gelangen.

Außerhalb der Schutzhütte muß der Hund über einen schattigen Platz verfügen.

Daß Hunde im Zwinger nicht angebunden werden dürfen, sollte eigentlich außer Frage stehen.

Werden mehrere Hunde im Zwinger gehalten, empfehlen sich zusammenhängende Hundehäuser, nicht zuletzt wegen der Möglichkeit der besseren Erwärmung. Man kann sie nach eigenen Vorstellungen erstellen lassen oder im Fertig- beziehungsweise Montagebau kaufen. Die einzelnen Holzwände müssen nach Anleitung zusammengeschraubt werden, was eigentlich auch den handwerklich nicht so Begabten ohne weiteres möglich ist. Innen sind solche Häuser je nach Bedarf in getrennte Boxen eingeteilt. Bei Verwendung von Holz als Baumaterial bedarf es keiner baurechtlichen Genehmigung. Anders bei massiv gemauerten Hundehäusern; sie unterliegen der behördlichen Genehmigungspflicht.

Der Zwinger sowie der Schutzraum müssen so gestaltet sein, daß sich der Hund nirgendwo verletzen kann. Vom Zwinger aus soll der Hund wenigstens an einer Seite einen ungehinderten Ausblick erhalten.

Die Einzäunung des Zwingers darf nicht zu niedrig und muß der Größe der darin unterzubringenden Rasse angemessen sein. Man verwendet einen verzinkten Maschendraht, denn mit Plastik ummantelter Draht wird gerade vom jungen Hund gerne angenagt, so daß die freigelegten Stellen bald rosten. Nicht ganz billig, aber unverwüstlich ist eine Einzäunung mit Baustahlgewebe. Bei kleinen Rassen ist dies natürlich nicht notwendig, hier ist mehr an große, kräftige Rassen gedacht. Bei solch weitmaschigem Draht muß anfangs bei dem Junghund noch ein feinmaschiger Draht auf der Einzäunung befestigt werden und zwar bis in die Höhe, die der junge Hund noch erreichen kann. So ist gewährleistet, daß er mit den kleinen Pfoten nicht im Draht hängenbleibt.

Die Größe des Zwingers richtet sich nach der Zahl und der Rasse der in ihm gehaltenen Hunde. Das Tierschutzgesetz schreibt für einen über 20 kg schweren Hund eine Grundfläche – den Schutzraum nicht mitgerechnet – von mindestens 6 m^2 vor und für jeden weiteren, im Zwinger gehaltenen Hund nochmals 3 m^2. Diese Forderung bewegt sich jedoch an der alleruntersten Grenze. Der Hund sollte sich in jedem Fall über das Füßevertreten hinaus bewegen können.

Aber auch der räumlich großzügig angelegte Zwinger kann nicht Ersatz für den freien Auslauf sein. Ein Hund, der ausschließlich im Zwinger untergebracht wird und von seiner Umwelt kaum etwas zu sehen bekommt, verkümmert nach und nach an Körper und Seele. Es muß auch an dieser Stelle noch einmal darauf hingewiesen werden, daß der tägliche freie Auslauf so wichtig wie Futter und Wasser für den Hund ist und daß der ständige Kontakt zum Menschen gegeben sein muß.

Wenn die Zwingeranlage nicht im ständigen Sichtbereich des Hundehalters liegt, muß sie gesichert, das heißt für Unbefugte unzugänglich sein.

Anfänglich sieht ein natürlicher Boden im Zwinger am besten aus; da aber die Grasnarbe bald verschwindet, muß man sich für einen praktischen und leicht sauberzuhaltenden Belag entscheiden. Angerauhte Gehsteigplatten eignen sich gut, und wenn der Belag mit etwas Gefälle angelegt wird, ist das Reinhalten des Zwingers kein Problem.

Ein Wasseranschluß in unmittelbarer Nähe des Zwingers erweist sich als sehr vorteilhaft, entfällt doch dadurch das lästige Wasserschleppen von der Wohnung zum Zwinger. Und gelegentlich muß ja auch der Zwinger mit dem Wasserschlauch abgespritzt werden.

Damit der Hund nicht außerhalb der Schutzhütte auf dem Plattenboden liegen muß, kann eine Holzpritsche im Zwinger stehen.

Zur besseren Haltbarkeit werden alle Holzteile rechtzeitig vor dem Einzug des jungen Hundes imprägniert.

Eingliedern in die Familie

Zu einer glücklichen Mensch/Hund-Beziehung gehört u.a. auch, daß sich der junge Hund problemlos und völlig in die neue Familie integriert. Das aber ist bei weitem nicht selbstverständlich, denn nicht jeder Hund hängt an der ganzen Familie in gleichem Maße. Es gibt ausgesprochene Einmann-Hunde, die nur einen Herrn akzeptieren, dem sie aufs Wort gehorchen und auf den sie total fixiert sind. Solche Hunde trifft es ganz besonders hart, wenn sie aus irgendwelchen Gründen einmal später den Besitzer wechseln müssen. Nun heißt das aber nicht, daß der Hund den übrigen Familienmitgliedern gegenüber unfreundlich gestimmt wäre. Er anerkennt durchaus sein Familien-Rudel, aber nur einer aus der Familie ist das sogenannte Alpha-Tier, das heißt, das im Rang ganz oben stehende.

Der vorgehaltene Knochen kann die Augen des kleinen Pudel/Schnauzer-Mischlings nicht dazu bewegen, von der Kamera wegzublicken.

Der junge Hund muß nun lernen, was erwünscht und was für ihn verboten (›Pfui‹) ist; er muß sich möglicherweise an andere Tiere im Haus gewöhnen, und es gilt, Freunden und weniger guten Bekannten der Familie entsprechend zu begegnen.

Wenn der junge Hund – ein Welpe ist er seit dem Absäugen nicht mehr – im Alter von 9–10 Wochen in sein neues Heim kommt und einmal davon auszugehen ist, daß die erste Sozialisierungsphase zwischen der 8. und 12. Woche liegt, ist das für die Anpassung des jungen Hundes eine günstige Zeit. Eine so starke Prägung auf den Züchter hat noch nicht stattgefunden und mit viel Geduld und Einfühlungsvermögen seitens der neuen Besitzer wird sich ein ersprießliches Miteinander entwickeln.

Hunde eignen sich gut zum Haustier, weil sie angeboren soziale Tiere sind. In der Regel wird daher der junge Hund ein angenehmes Mitglied in der Familiengruppe.

In diesem Zusammenhang muß noch einmal darauf hingewiesen werden, daß auch für den überwiegend im Zucht-Zwinger aufwachsenden Welpen (trotz Mutter und Geschwistern) – für einen Welpen aus dem Tierheim ist das besonders wichtig und notwendig – der frühe Umgang mit Menschen eine ganz entscheidende Rolle für das spätere Zusammenleben mit diesen spielt. Durch entsprechende Versuche hat man erkannt, daß Hunde, die bis zum Alter von 12 Wochen ohne menschlichen Kontakt blieben, ihr ganzes Leben lang – wie ihre Wolfsahnen – Menschen gegenüber scheu waren. Infolge ihrer immer wieder aufflackernden Scheuheit sind solche Hunde einer Erziehung nur sehr schwer zugänglich und eine wirkliche Anhänglichkeit vermögen sie nicht zu entwickeln.

Da die Bereitschaft des jungen Hundes zur Unterordnung nie mehr im späteren Leben so groß ist, muß diese Zeit gut genutzt werden, wenn der ungestüme junge Tolpatsch zu einem manierlichen Familienmitglied werden soll.

Der Mensch lenkt den jungen Hund durch Befehle und Verbote – natürlich auch durch Gebote – und besteht beharrlich durch Unnachgiebigkeit und Durchsetzen seines Willens auf unantastbarem Autoritätsanspruch. Zu glauben, der Hund würde Milde und Nachgiebigkeit mit Dankbarkeit lohnen, ist falsch, zumal der Hund dazu im menschlichen Sinne gar nicht imstande ist. Wenn ein Hund sich infolge solch nachgiebiger Behandlung am Ende als Alphahund (Leittier) in der Familie fühlt, ist unschwer vorstellbar, welche Folgen daraus resultieren können.

Es kann aber in einem Rudel, ob es nun aus Wölfen, Hunden oder Menschen besteht, immer nur ein Individuum die Führungsposition übernehmen. Deshalb gilt es, von Anfang an die Kompetenzen klar abzustecken; sonst kann es zu Machtkämpfen kommen, die im Falle einer 80 cm Widerrist aufweisenden Dogge im wahrsten Sinne des Wortes ins Auge gehen können.

Bei einer vom ersten Tag an unverändert bestehenden Rangordnung weiß auch der junge Hund sehr schnell um

seinen Platz in der sozialen Hierarchie. Nur ein sozial schlecht angepaßter junger Hund bereitet Schwierigkeiten gegenüber der Autorität des Ranghöchsten.

Aus all dem wird ersichtlich, wie wichtig die Gedanken vor dem Erwerb des Hundes im Büchlein ›Beliebte Hunde‹ (Eugen Ulmer Verlag, Stuttgart) waren.

Daß der Mensch über den Hund dominiert, ist nicht etwa das Ergebnis einer harten Behandlung. Man muß nur unterwürfiges Verhalten des jungen Hundes belohnen. Wenn er sich ganz von selbst vor dem Herrn auf den Rükken legt, zeigt das ein hohes Maß an Unterwürfigkeit, die belohnt werden muß, beispielsweise in Form von Bäuchleinkraulen.

Etwas anders gestaltet sich das Verhalten des jungen Hundes gegenüber Kleinkindern in der Familie. Größere Kinder anerkennt er als im Rang über ihm stehend; ganz kleine Kinder nehmen etwa die Stelle – den Rang – eines Welpen ein; sie haben also noch keinen Platz in der Rangordnungsfolge.

Ebenso wie Welpen können sich Kleinkinder eine ganze Menge gegenüber dem Hund herausnehmen. Die Eltern dürfen aber nicht glauben, das Kind könne nun alles mit dem Hund anstellen. Irgendwann einmal reißt

Nach fröhlichem Umhertollen ist eine Ruhepause angesagt.

auch dem gutmütigsten Hund das Geduldsfädchen, und wenn er dann zuschnappt, ist die Empörung der Eltern groß. Wenn kleine Welpen die Grenzen des Zumutbaren überschritten haben, werden sie von der geplagten Mutter auf Hundeart zurechtgewiesen, wobei der Gemaßregelte sofort die Untergebenheitsgeste bekundet, und die alte Ordnung ist wieder hergestellt. Das kann ein Kleinkind in kritischen Situationen natürlich nicht – nämlich dem Hund gegenüber Untergebenheit an den Tag legen. Dies ist sicher mit ein Grund für spektakuläre Unfälle mit Kindern. Eltern sind deshalb gut beraten, wenn sie sowohl auf das Kleinkind, das die Grenzen der Zumutbarkeit noch nicht kennt, ein waches Auge haben, als auch auf den Hund, der seine Grenzen eigentlich nur dann überschreitet, wenn er durch unverständliches Verhalten dazu gezwungen wird.

Pflichten des Hundehalters

Hundesteuer

Mit dem Erwerb des jungen Hundes wird der Hundehalter hundesteuerpflichtig. Hundesteuer ist grundsätzlich Kommunal-Gemeindesteuer; Rheinland-Pfalz bildet die einzige Ausnahme, wo für gemeindefreie Grundstücke die Landkreise zur Erhebung der Hundesteuer berechtigt sind. Hundesteuern können aufgrund von Landesgesetzen oder nach Gemeindesatzungen erhoben werden. Wenn in den einzelnen Bundesländern keine Hundesteuergesetze bestehen, richten sich die Hundesteuersatzungen der Gemeinden nach Mustersatzungen, die zum größten Teil durch die Kommunalaufsichtsbehörde bekanntgemacht werden.

Eine Gemeinde kann in eigener Zuständigkeit entscheiden, ob das Halten von Hunden besteuert wird oder nicht. In manchen Ländern sind die durch die gemeindlichen Hundesteuersatzungen beschlossenen Steuersätze durch die Kommunalaufsicht zu genehmigen. Die Hundesteuer ist eine Jahressteuer, denn sie wird immer für ein Jahr festgesetzt. Die Zahlung der festgelegten Hundesteuer ist für den Hundehalter Pflicht. Hundesteuern zählen zu den nicht zweckgebundenen allgemeinen Steuereinnahmen der Gemeinden. Über die Höhe der zu zahlenden Hundesteuer muß sich der Hundehalter bei der für ihn zuständigen Behörde erkundigen. Im Laufe der letzten Jahre sind die Hundesteuersätze unverhältnismäßig heraufgeschraubt worden – in einem Beispiel 100% – nämlich von jährlich DM 120,– auf DM 240,–.

Mit der Hundesteuer wird nicht der Hund besteuert, sondern das Halten des Hundes. Wenn mehrere Personen Halter eines Hundes sind, so haften sie für die Hundesteuer gesamtschuldnerisch.

Manche Gemeinden staffeln die Hundesteuer. So nehmen sie beispielsweise für den ersten gehaltenen Hund DM 100,–, für den zweiten DM 150,– usw.

Züchtern gewährt man eine sogenannte Zwingersteuer, wenn nachweislich mindestens zwei Hunde einer Rasse gehalten werden und mit wenigstens einer Hündin gezüchtet wird. Ebenso gelten für Wachhunde, Melde-, Sanitäts-, Schutz- und Fährtenhunde oder Rettungshunde, sowie Jagdhunde und selbstverständlich Blindenführhunde besondere Steuersätze bis hin zur Steuerbefreiung.

Der Hund im Mietrecht

Die Anschaffung eines Hundes ist in der Regel dann problemlos, wenn der künftige Hundehalter Eigentümer eines Hauses beziehungsweise Grundstückes ist. Die Zulässigkeit der Hundehaltung muß jedoch abgeklärt werden, sofern der Mieter eines Hauses oder einer Wohnung den Kauf eines Hundes beabsichtigt.

Auch im Falle einer Eigentumswohnung ist der Erwerb eines Hundes nicht ohne weiteres möglich; die Hausordnung der Eigentümergemeinschaft regelt im allgemeinen, ob ein Haustier gehalten werden darf oder nicht.

Für den Mieter eines Hauses oder einer Wohnung ist maßgebend, was bezüglich einer Tierhaltung im Mietvertrag vereinbart wurde. Enthält der Mietvertrag eine Klausel, wonach sich der Vermieter mit der Haltung eines Haustieres schriftlich einverstanden erklären muß, so ist dessen Entscheidung verbindlich. Leben jedoch in dem Mietshaus bereits Haustiere bei anderen Familien, darf der Vermieter einem neuen Mieter die Tierhaltung nicht verbieten. Letztlich aber sind alle Vertragsvereinbarungen nichtig, wenn sich durch die Tier-/Hundehaltung andere Mieter/Mitbewohner konkret beeinträchtigt fühlen.

Verordnung über das Halten und Beaufsichtigen von Hunden
Aufgrund der §§ 171 und 172 des Landesverwaltungsgesetzes wird verordnet:

§ 1 – Umherlaufenlassen von Hunden
(1) Es ist verboten, Hunde außerhalb des befriedeten Besitztums umherlaufen zu lassen, ohne daß sie wirksam beaufsichtigt werden. Sie dürfen im freien Gelände höchstens 50 m, in geschlossenen Ortschaften höchstens 20 m von der Aufsichtsperson entfernt frei laufengelassen werden.
(2) Zur Nachtzeit (von Sonnenuntergang bis Sonnenaufgang) müssen Hunde so gehalten werden, daß sie das befriedete Besitztum, auf dem sie gehalten werden, nicht gegen den Willen des Hundehalters verlassen können.

§ 2 – Leinenzwang

Hunde sind an der Leine zu führen

1. bei Umzügen, Aufzügen, Volksfesten und sonstigen Veranstaltungen mit großen Menschenansammlungen,
2. in Gaststättenbetrieben,
3. in der Allgemeinheit zugänglich umfriedeten oder anderweitig begrenzten Park-, Garten- oder Grünanlagen,
4. in Sportanlagen und auf Zeltplätzen,
5. auf Friedhöfen und
6. auf Märkten und Messen.

§ 3 – Mitnahmeverbot

Es ist verboten, Hunde mitzunehmen

1. in Kirchen, Schulen und Krankenhäuser,
2. in Theater, Lichtspielhäuser, Konzert-, Vortrags- und Versammlungsräume und
3. auf Kinderspielplätze, auf Liegewiesen, in Badeanstalten und auf Badeplätze.

§ 4 – Gefährliche Hunde

In Gewahrsam zu halten sind

1. Hunde, die zum Umhertreiben, zum Hetzen oder Reißen von Wild oder Vieh neigen,
2. bissige Hunde und solche, die vorübergehende Menschen, Tiere oder Fahrzeuge gewohnheitsmäßig anbellen oder anspringen und
3. läufige Hündinnen.

Außerhalb des befriedeten Besitztums sind diese Hunde an der Leine zu führen. Bissige Hunde müssen dabei einen das Beißen verhindernden Maulkorb tragen.

§ 5 – Halsbänder

Außerhalb befriedeten Besitztums müssen freilaufende Hunde ein Halsband tragen, auf dem der Name und die Wohnungsanschrift des Eigentümers oder Halters des Hundes angebracht sind.

§ 6 – Ausnahmen

(1) §§ 1 und 5 gelten nicht für Hirtenhunde beim Hüten und für Jagdhunde bei ihrer jagdlichen Verwendung.

(2) § 3 gilt nicht für Blindenhunde.

Vier Monate alter Mittelschnauzer, pfeffer-salzfarbig. Die Ohren werden nicht mehr kupiert.

(3) Die Bürgermeister der amtsfreien Gemeinden und die Amtsvorsteher als örtliche Ordnungsbehörden können von den §§ 1 bis 3 Ausnahmen zulassen, wenn im Einzelfall eine Gefahr für die öffentliche Sicherheit oder Ordnung nicht zu befürchten ist.

§ 7 – Örtliche ergänzende Sonderregelungen
Die Bürgermeister der amtsfreien Gemeinden und die Amtsvorsteher als örtliche Ordnungsbehörden können den örtlichen Verhältnissen entsprechende ergänzende Regelungen durch Verordnungen über die öffentliche Sicherheit und Ordnung treffen.

§ 8 – Ordnungswidrigkeiten
Ordnungswidrig nach § 172 Abs. 3 des Landesverwaltungsgesetzes handelt, wer
1. entgegen § 1 Hunde umherlaufen läßt oder hält,
2. entgegen § 2 Hunde nicht an der Leine führt,
3. entgegen § 3 Hunde mitnimmt,
4. entgegen § 4 Hunde nicht in Gewahrsam hält, nicht an der Leine führt oder ihnen nicht einen Maulkorb umhängt oder
5. als Besitzer eines Hundes duldet, daß dieser sich entgegen § 5 ohne Halsband außerhalb befriedeten Besitztums aufhält.

§ 9 – Inkrafttreten
Die Verordnung tritt am Tage nach der Verkündung in Kraft.

Haftung
In den §§ 833, 834 BGB ist die Tierhalter-(Tierhüter-)Haftung wie folgt geregelt:
§ 833 (1): Wird durch ein Tier ein Mensch getötet oder der Körper oder die Gesundheit eines Menschen verletzt oder eine Sache beschädigt, so ist derjenige, welcher das Tier hält, verpflichtet, dem Verletzten den daraus entstehenden Schaden zu ersetzen.
§ 834 (1) Wer für denjenigen, welcher ein Tier hält, die Führung der Aufsicht über das Tier durch einen Vertrag übernimmt, ist für den Schaden verantwortlich, den das Tier einem Dritten in der im § 833 bezeichneten Weise zufügt. (2) Die Verantwortlichkeit tritt nicht ein, wenn er bei der Führung der Aufsicht die im Verkehr erforderliche Sorgfalt beobachtet oder wenn der Schaden auch bei Anwendung dieser Sorgfalt entstanden sein würde.

Was bedeutet nun diese Gesetzgebung für den Hundehalter und speziell den Halter eines jungen Hundes?

Zuerst einmal sei festgestellt, daß als Hundehalter immer derjenige gilt, der den Hund hält und füttert, was ja nicht in jedem Fall der Eigentümer des Hundes sein muß.

Der Hundehalter haftet für Schäden an Personen und Sachen, die sein Hund verursacht. Schadensersatz kann aber nur dann verlangt werden, wenn der Eintritt des Schadens auf einem schuldhaften Verhalten des Schädigers (Hundehalters) beruht. Man nennt dies ›Verschuldenshaftung‹: Wer vorsätzlich oder fahrlässig das Leben, den Körper, die Gesundheit, die Freiheit, das Eigentum oder ein sonstiges Recht eines anderen widerrechtlich verletzt, ist dem anderen zum Ersatz des daraus entstehenden Schadens verpflichtet.

In der Tierhaltung ordnet der Gesetzgeber jedoch eine Haftung ohne Verschulden an, die sog. ›Gefährdungshaftung‹, die auch dann eine Schadensersatzverpflichtung beinhaltet, wenn dem Schädiger kein Schuldvorwurf hinsichtlich des entstandenen Schadens zu machen ist.

Die Tierhalterhaftung kommt nur dann zum Tragen, wenn der Schaden aus einer ›typischen Tiergefahr‹ resultiert. In der Rechtsprechung wird ferner unterschieden zwischen einem willkürlichen und einem natürlichen

Tierverhalten, bei dessen Vorliegen eine Tierhalterhaftung nicht in Frage steht, was festzustellen auch unter Zuhilfenahme von Erkenntnissen aus der Verhaltensforschung mitunter Schwierigkeiten bereiten dürfte.

Da sich besonders der junge Hund dem Einwirkungsbereich des Hundehalters zu entziehen versucht, kann das mit erheblichen Haftungsfolgen verbunden sein. Selbst wenn der junge Hund in spielerischer Absicht auf einen Menschen zuspringt und dieser sich durch das vermeintlich furchteinflößende Verhalten des Hundes in Angst und Schrecken versetzt fühlt, dem Hund auszuweichen versucht und dabei hinfällt und sich durch den Sturz verletzt, wird der Hundehalter schadensersatzpflichtig, obwohl der junge Hund mit dem Geschädigten überhaupt nicht in direkte Berührung gekommen ist.

Junge Hunde neigen dazu »wegen des in ihrer tierischen Natur liegenden unberechenbaren und willkürlichen Verhaltens« unvermittelt die Fahrbahn zu überqueren. Dadurch sind insbesondere Fahrrad- und Motorradfahrer stark gefährdet. »Wer die Führung eines Hundes, mit dessen Eigenart er vertraut ist, im Straßenverkehr übernommen hat, ist verpflichtet, das Tier durch geeignete Maßnahmen so zu überwachen, daß eine Gefährdung anderer Verkehrsteilnehmer durch ein nach den Umständen voraussehbares Verhalten ausgeschlossen ist« (§§ 823, 833 BGB, 40 StVO). Daraus wird gefolgert, daß ein Hund rechtzeitig an die Leine genommen wird, bis für Fahrrad- und Motorradfahrer keine Gefahr mehr besteht. Beim jungen Hund werden kaum Haftungsansprüche als Folge von Bißverletzungen auf den Hundehalter zukommen. Hier sind in der Mehrzahl Unfälle im Straßenverkehr verantwortlich. Aber gerade dort setzt eine Rechtsprechung ein, die bei manchem Fahrzeughalter Verwunderung hervorruft. Ein Hund, der auf die Fahrbahn läuft, verhält sich seiner tierischen Natur gemäß und der dadurch herbeigeführte Unfall ist für den Fahrzeugführer kein unabwendbares Ereignis; er muß sich die Betriebsgefahr, die von seinem Fahrzeug ausgeht, bei der Rechtsprechung anrechnen lassen.

Selbst bei Anrechnung einer gewissen Mitschuld des Fahrzeughalters können die durch Hunde im Straßenverkehr verursachten Schäden immens hoch sein. Diese Tatsache und andere Risiken aus der Hundehaltung verpflichten den Hundehalter geradezu, eine Hundehalter-Haftpflichtversicherung abzuschließen, die immer dann tätig wird, wenn der Hundehalter einem Geschädigten auch tatsächlich und rechtlich zum Ersatz des durch den Hund entstandenen Schadens verpflichtet ist.

§ 834 BGB spricht neben der Haftung des Tierhalters von der des Tierhüters, womit eine Person, die durch Vertrag die Aufsicht über ein Tier übernimmt, gemeint ist. Im Falle der Erziehung des jungen Hundes durch eine Hundeschule, die ja dann mit dem Hundehalter einen entsprechenden Vertrag abschließt, haftet diese dann als Tierhüter voll verantwortlich für vom Hund verursachte Schäden.

Der erste Spaziergang

Während der ganz junge Hund anfangs noch zum Verrichten seiner Geschäftchen hinausgetragen wird, steht bald die Gewöhnung an Halsband und Leine an (siehe dazu S. 46 im Kapitel Erziehung). Zwar folgt der junge Hund auch unangeleint seinem Herrchen auf Schritt und Tritt, in Anbetracht der vorher geschilderten möglichen Risiken ist das Führen an Halsband und Leine zumindest in Gefahrenmomenten oder in zu erwartenden kritischen Situationen anzustreben. An dieser Stelle muß betont werden, daß hier von einem Spaziergang in belebter Gegend oder im Straßenverkehr mit all seinen Gefahren die Rede ist. Ungeachtet dessen muß sich jeder Hund und insbesondere der junge – und sei es nur, um Umwelterfahrungen durch eigenes Erkunden zu sammeln – täglich frei und bar jeden Leinenzwangs bewegen können. Es ist zugegebenermaßen nicht leicht, solche Plätzchen, wo sich ein junger Hund nach Herzenslust austoben kann, zu finden. Auf dem Land ist dieses Problem in der Regel noch leichter zu lösen; der in der Stadt lebende Mensch muß da mit seinem Hund oft eine mehr oder minder große Anfahrt mit dem PKW in Kauf nehmen.

Die Verordnung über das Halten und Beaufsichtigen von Hunden besagt, daß Hunde nicht frei umherlaufen dürfen, wenn sie nicht ›wirksam beaufsichtigt‹ werden. Bei einem gut erzogenen Hund wird diese wirksame Beaufsichtigung weitgehend möglich sein; von einem jungen Hund ist sie jedoch noch nicht vorauszusetzen und zu erwarten. Wenn sich der junge Hund an sich schon durch vielerlei Einflüsse und Eindrücke abgelenkt sieht, so ist er bei seinem ersten Spaziergang außerhalb seiner gewohnten Umgebung meist ziemlich verwirrt. Zaghafte Naturen werden eher an der Seite des Herrn bleiben, weil sie sich dort sicher fühlen, als forsche junge Hunde, deren Neugierde und Unternehmungslust sie auch schon einmal in gefährliche Situationen bringen kann.

Der allererste Spaziergang wird nun allerdings noch gar nicht wunschgemäß verlaufen, und es bedarf schon einiger Geduld seitens des Hundehalters, bis der Hund, möglichst ohne zu ziehen oder vorauszustürmen, oder gar hinter dem Herrn zurückzubleiben, wenigstens in der Nähe von Herrchen mitläuft. Das artige ›Bei Fuß‹-Gehen kommt erst später dran; auch diese Lektion ist im Kapitel Erziehung beschrieben.

Das spätere Verhalten des Hundes gegenüber den verschiedensten Umweltreizen ist weitgehend vom geschickten Vorgehen des Hundehalters beim Gewöhnen des jungen Hundes an eben diese Reize geprägt. Zwar muß ihm Gelegenheit geboten werden, sich mit allen Vorkommnissen des täglichen Lebens auseinanderzusetzen, zwingen darf man ihn aber zu nichts. Wenn behutsames Heranführen unter gutem Zureden an den Gegenstand seines Mißtrauens nicht hilft, ist er in seinem Selbstbewußtsein vielleicht noch nicht so gefestigt, und man sollte lieber einen Schritt zurückgehen als etwas zu früh zu erzwingen versuchen. Erst bei ruhigem Verharren vor einem ungewohnten Gegenstand, vor dem der junge Hund weder aufgeregt bellt oder durch

Dieser 5 Monate alte Schäferhund sitzt schon gehorsam ab, während die Fußgängerampel rot zeigt.

Auf das Kommando seines Herrn überquert er flotten Schrittes mit diesem die Straße.

Zu dem Gewöhnen an die Umwelt gehört auch das Konfrontieren des jungen Hundes mit einer Baustelle.

Rückwärtsgehen auszuweichen versucht, darf davon ausgegangen werden, daß er eine erwünschte Nervenfestigkeit aufweist. Dazu trägt nicht zuletzt auch ein gutes, vertrauendes Verhältnis zwischen Hund und Herrchen ganz wesentlich bei. Der Hund muß stets dem Herrn voller Vertrauen folgen und wissen, daß ihm in seiner Nähe nichts geschieht.

Im Straßenverkehr

So wie der junge Hund von Umweltreizen des täglichen Lebens nicht ferngehalten werden kann und auch nicht soll, muß er auch schon sehr früh an den Straßenverkehr gewöhnt werden. Auch hier ist wieder ganz behutsames Vorgehen am Platze. Man darf das kleine Kerlchen nicht gleich anläßlich des ersten Spazierganges dem dichtesten Verkehrsgewimmel aussetzen. Ein gehöriger Schock und eine das ganze Leben anhaltende Furcht vor dem Lärm und Getöse auf belebten Straßen könnten die Folge sein.

Zum Gewöhnen eignet sich eine nicht zu verkehrsreiche Straße außerhalb der Verkehrsstoßzeiten. Nur ganz wenigen jungen Hunden machen Autos und noch größere ›Ungeheuer‹ gar nichts aus und sie zeigen sich entsprechend unbeeindruckt. Die Mehrzahl fühlt sich bei der ersten ›Verkehrserziehung‹ doch sehr überfordert und möchte sich am liebsten hinter Herrchen verkriechen. Da ist viel gutes Zureden nötig und das Vertrauen zum

Obwohl der Cocker Spaniel eigentlich ein Jagdhund ist, wird er in aller Welt als sanfter und fröhlicher Begleit- und Gesellschaftshund geschätzt.

Herrn wird hier einer besonders starken Belastungsprobe ausgesetzt.

Es erweist sich von Vorteil, den jungen Hund in einiger Entfernung von der Straßenkante zuerst einmal den vorüberfließenden Verkehr beobachten zu lassen. Schon bald wird er merken, daß ihm das Ungewohnte vor allem im Beisein von Herrchen ja nichts anhaben kann. Was er sehen kann, bereitet ihm zudem weniger Unbehagen, weshalb er anfangs auch gegen den Verkehr laufen sollte. Autos, die er von hinten kommen hört, aber nicht sieht, erschrecken den jungen Hund sehr.

Gewöhnen an laute Geräusche

Außer dem Lärm des Straßenverkehrs können noch andere Geräusche den jungen Hund erschrecken.

Daß der spätere Schutzhund und natürlich auch der Jagdhund schußfest sein müssen, ist einleuchtend. Aber auch mit anderen, nicht mit solchen Spezialaufgaben betrauten Hunden sollte die Schußfestigkeit regelrecht geübt werden. Nur so ist der Hund auch anläßlich eines Gewitters bei grollendem Donnern und während der Silvesterknallerei nicht aus der Fassung zu bringen. Der junge Hund darf auf einen lauten Knall hin natürlich erschrecken und auch wenn er bei seinem Herrn Schutz sucht, ist dieses Verhalten nicht ungewöhnlich. Wenn er aber so in Panik gerät, daß er kopflos davonrennt, zeigt er sich ganz bestimmt nicht von der mutigsten Seite. Hier ist das Nervenkostüm doch arg angekratzt.

Um den jungen Hund an Schüsse zu gewöhnen, bediene man sich einer Hilfsperson, die ungefähr in 50 Metern Entfernung alle 10 Sekunden einen Schuß aus einer Schreckschußpistole abgibt. Ein nervenstarker Hund soll sich dem Schützen ohne zu bellen nähern und ihn beschnüffeln. Weniger nervenfeste Hunde trauen sich nicht so weit vor und mit Bellen versuchen sie, ihre Unsicherheit zu überspielen und sich Mut zu machen. Da muß der Hundeführer beruhigend auf den jungen Hund einwirken, indem er immer wieder ermunternd auf den Hund einredet. Es ist mit größter Behutsamkeit vorzugehen und genau zu beobachten, ob der junge Hund imstande ist, seine Angst zu überwinden.

Nach mehreren abgegebenen Schüssen soll sich der junge Hund so weit an diese gewöhnt haben, daß er wie ein von Anfang an nervenstarker Hund reagiert.

Begegnung mit anderen Hunden

Hundehalter, die ihren jungen Schützling beim Ansichtigwerden eines anderen Hundes durch Hochnehmen der Konfrontation mit Artgenossen berauben, erreichen dadurch, daß der junge Hund nicht imstande sein wird, ein ungestörtes Verhältnis zu Seinesgleichen zu entwickeln. Nur wenn dem jungen Hund Gelegenheit gegeben wird, mit anderen Hunden Kontakte aufzunehmen, kann er sich künftig normal gegenüber Artgenossen verhalten. Besteht aber zum Aufnehmen solch wich-

Junger Schäferhund (4½ Monate alt), der interessiert dem Geschehen auf einem Hundesport-Übungsplatz zuschaut.

tiger Kontakte infolge des menschlichen Fehlverhaltens überhaupt keine Möglichkeit, wird der junge Hund kaum den richtigen Umgang mit Seinesgleichen lernen. Wird er an jedem anderen Hund mit Gewalt vorbeigezerrt, muß ja der Eindruck entstehen, alle Hunde wollten ihm ans Leder. Leider wird der so zwangsweise von anderen Hunden ferngehaltene junge Hund nicht nur mit der Zeit ängstlich vor jeder Hundebegegnung, er wird mit Sicherheit extrem angriffslustig.

Versuche mit von Hand aufgezogenen Welpen, denen man den Umgang mit anderen Welpen bis zum Alter von 12–16 Wochen verwehrte, haben ergeben, daß diesen Tieren die Beißhemmung anderen Hunden gegenüber nahezu fehlte. Spielkämpfe endeten rasch, weil einer der jungen Hunde oder beide so fest zubissen, daß der Schwächere entweder flüchtete oder tatsächlich ein ernster Kampf entstand. Für ein gut funktionierendes Sozialverhalten im Umgang mit anderen Hunden ist deshalb erforderlich, daß bereits beim Züchter entsprechende Interaktionen untereinander unter anderem zur Kontrolle der Bißintensität stattfanden.

Es kann durchaus so sein, daß der junge Hund anläßlich des ersten Spazierganges aus Freude über das Ansichtigwerden eines Artgenossen diesen begrüßen möchte. Das darf ihm natürlich nicht erlaubt werden, allein schon, um nicht Ungeziefer u.a. aufzufangen. An der kurzen Leine führt man ihn zügig an dem fremden Hund vorbei.

Nur bekannte Hunde, deren hygienisch einwandfreie Haltung man kennt, darf der junge Hund begrüßen.

Junge Hunde werden in der Regel von erwachsenen Hunden nicht angegriffen. Sollte sich ein junger Hund einmal in das Revier des Älteren verirren, muß dieser den Eindringling selbstverständlich zurechtweisen. Die Hundesprache wird von den Hunden sehr gut verstanden und normal veranlagte Hunde reagieren entsprechend darauf. Im Falle des eben geschilderten Eindringens in einen Fremdbereich wäre das nach der Zurechtweisung der Rückzug.

Hunde, die wild bellend auf den jungen Hund losstürmen, haben keine Angriffsabsichten. Sie versuchen nur, durch Bellen auf den jungen Hund einschüchternd zu wirken. Bei solchem Verhalten ist das abrupte Abbremsen vor Erreichen des vermeintlichen Gegners typisch. Hunde mit ernsthaften Angriffsabsichten verhalten sich anders.

Für den Fall, daß sich dennoch dem jungen Hund ein unbeaufsichtigt frei laufender Hund in böser Absicht nähert, wäre das Mitführen eines Stockes von Nutzen, denn mit einem gezielten Hieb ist ein Angreifer meist in Schach zu halten. Ein Hund, der grundlos andere Hunde – womöglich Junghunde – anfällt, ist schwer verhaltensgestört und darf natürlich nicht frei herumlaufen. Bei einer nicht zu verhindernden Beißerei hilft nur ein Hochzerren des Übeltäters am Halsband im Würgegriff oder der beherzte Griff in das Nackenfell.

Auch der junge Hund versucht bisweilen, sich bellend einem anderen Hund zu nähern, was aber sicherlich nicht bereits anläßlich des ersten Spazierganges geschieht. Je weiter sich der junge Hund von der gewohnten Umgebung entfernt, um so heftiger wird sein Bellen. Damit signalisiert der nicht ganz nervenfeste Junghund seine Unsicherheit. Diesem Hund muß durch ruhiges Zureden erst einmal sein Selbstbewußtsein so weit gestärkt werden, bis er auch ohne großes Gezeter in die Nähe von anderen Hunden kommen kann.

Harmlose Raufereien können immer dann kritische Formen annehmen, wenn die Hundebesitzer durch ihr Eingreifen einen Streit verhindern möchten. Hunde gleicher Größe und Stärke sind durchaus imstande, eine Rivalität auf ihre Art auszufechten; menschliches Einmischen hingegen provoziert geradezu Auseinandersetzungen. Besonders stark zeigen sich Hunde, wenn sie angeleint sind. Die Leine wirkt sozusagen als verlängerter Arm von Herrchen. Abgeleint schrumpft die Courage schon um einiges zusammen.

An einem neutralen Ort begegnen sich Hunde meist, ohne große Notiz voneinander zu nehmen. Allenfalls laufen sie in etwas geduckter Haltung aufeinander zu, und wenn die Hundehalter, nachdem sie sich von der Friedfertigkeit ihrer Tiere überzeugen konnten, ihren Weg fortsetzen, folgen auch die Hunde nach.

Je mehr sich der junge Hund anläßlich seines ersten großen Spaziergangs aufregt – und das trifft auch auf die Begegnung mit anderen Hunden zu – um so ruhiger und besonnener muß der Hundehalter auf den Hund einwirken.

Begegnung mit anderen Tieren

Dem in der Stadt gehaltenen jungen Hund wird sich kaum die Möglichkeit erschließen, außer Hunden auch anderen Tieren zu begegnen. Auf dem Land ist eine Konfrontation mit Pferden oder Rindern eher gegeben. Pferde sind von Natur aus Fluchttiere, was aber bewirkt, daß sie ein freilaufender junger Hund mit Begeisterung verfolgt. Da ein hetzender Hund aber eine ganze Herde – ob nun Pferde, Rinder oder Schafe – in Panik zu versetzen vermag, müssen solche Situationen durch Anleinen des jungen Hundes von vornherein unterbunden werden. Erst später, wenn er gehorsam ›bei Fuß‹ geht, darf er auch ohne Leine an einer Viehweide vorbeigehen.

Menschen begegnen

Auf der Straße geht der junge Hund gleichgültig und ohne Zögern an fremden Menschen vorbei, während er innerhalb seines Territoriums, das er ja später bewachen soll, sich eher argwöhnisch gegenüber Fremden verhält, weshalb bereits der ganz junge Hund möglichst nicht von allen Besuchern liebkost werden sollte. Erst recht muß er lernen, Passanten auf der Straße, die den jungen Hund so niedlich finden, zu ignorieren.

Beschützen muß man den jungen Hund bisweilen vor der Unvernunft von Kindern, die es geradezu lieben, junge Hunde zu erschrecken, sei es, daß sie mit dem Fahrrad haarscharf an ihm vorbeifahren oder mit Rollschuhen beabsichtigt nahe an den jungen Hund heranfahren. Einem ausgewachsenen nervenstarken Hund mag solches Tun nicht so viel anhaben; die meisten jungen Hunde, die gerade dabei sind, sich mit der Umwelt vertraut zu machen, fallen aber von einem Schock in den anderen. So darf es nicht verwundern, wenn sich Hunde Kindern gegenüber aggressiv verhalten. Immer ist es dann der böse Hund, der verteufelt wird, und kaum jemand macht sich die Mühe zu erforschen, warum manche Hunde Kinder nicht sonderlich mögen.

Erziehung

Für die Erziehung des Hundes kann das Sprichwort »Was Hänschen nicht lernt, lernt Hans nimmermehr« Anwendung finden. Natürlich ist der Hund auch in seinem späteren Lebensabschnitt noch einer Erziehung zugänglich; sie erfordert aber sehr viel mehr Zeitaufwand und gestaltet sich schwieriger und oft auch problematisch. Der junge Hund in der frühen Entwicklungsphase hingegen ordnet sich noch willig unter, weshalb mit dem Erlernen der notwendigen Anstandsregeln gar nicht früh genug begonnen werden kann. Die nachfolgende Tabelle soll veranschaulichen, mit welchem Alter der junge Hund bestimmte Übungen auszuführen imstande ist. Dabei handelt es sich nicht um feststehende Normen, denn kein Hund gleicht in seiner Auffassungsgabe dem anderen. Der eine begreift schnell das von ihm Verlangte und führt es willig aus; bei dem anderen dauert es ungleich länger, bis er versteht, was man von ihm will.

Die Arbeit mit einem pfiffigen Hund bereitet natürlich mehr Freude als die mit einem Hund, der mit »einer langen Leitung« ausgestattet ist. Unbestritten ist auch, daß es rassebedingt leichter und schwerer erziehbare Hunde gibt. Das Argument eines Hundehalters, sein Hund gehöre einer unerziehbaren Rasse an, ist allerdings als Ausrede für seine eigene Bequemlichkeit zu werten, d.h., er scheut die Mühe und Arbeit, die nun einmal mit der Hundeerziehung auf den Hundehalter zukommt.

Wer sich nun wirklich außerstande sieht, seinem Hund eine Erziehung angedeihen zu lassen, die letztendlich zu einem ersprießlichen Miteinander führt, kann sich eines Institutes bedienen, welches sich mit Hundeerziehung befaßt. Zwar wird ihm da die Erziehung des Hundes gewissermaßen abgenommen; damit aber der Hund das Erlernte auf Dauer auch ausführt, bedarf es zusätzlich einer Schulung des Hundehalters am Hund. Nur wenn der Hundehalter auch später zu Hause die gleichen Kommandos verwendet, die der Hund während der Ausbildung kennengelernt hat, kann von einer ›Hundeschule‹ profitiert werden. Ganz gleich, wer nun den Hund erzieht, eines gilt als unabdingbar: Während der gesamten Ausbildungszeit, ja für das ganze Hundeleben sind stets die gleichen Kommandoworte für eine bestimmte Übung anzuwenden. Mehrere, verschieden klingende Hörlaute verwirren den Hund und führen schließlich zu vermeintlichem Ungehorsam.

Soll der Hund beispielsweise durch die Hörlaute ›Hier‹, ›Komm‹ oder nur durch das Rufen seines Namens zum Herkommen veranlaßt werden, müßte das Folgen des Hundes ein Verständnis voraussetzen, das ihm aber fehlt. Ein prägnantes Wort – Kommando – für die gleiche Aufgabe macht hingegen das Geforderte verständlich. Vor den eigentlichen Hörlaut kann noch der Name des Hundes gesetzt werden; das macht ihn zunächst schon einmal aufmerksam für das folgende Kommando.

Was alles sollte der junge Hund erlernen? Muß er überhaupt erzogen werden? Sollte er nicht lieber unbeschwert seine Jugend genießen?

Das mag allenfalls für einen Hund, der fernab von jeglicher Zivilisation

So wird der junge Hund richtig hochgehalten.

Erziehung in den einzelnen Entwicklungsphasen		im Alter von	Lernzeit
Erziehung im Welpenalter	Stubenreinheit	2–4 Monaten	2–3 Wochen
	An der Leine gehen	ab 6. Lebenswoche	1 Tag
	Alleinbleiben	3–4 Monaten	3–4 Tage
	Kommen (Heranlocken)	ab 8. Lebenswoche	1 Tag
	›Sitz‹	ab 12. Woche	2 Tage
	›Gib Laut‹	ab 15. Woche	4 Tage
	Schußfestigkeit	ab 12. Woche	3 Tage
Erziehung des Junghundes	›Sitz‹	3–5 Monaten	3 Tage
	Leinenführigkeit	2–4 Monaten	2 Tage
	Frei bei Fuß	5–6 Monaten	5 Tage
	›Sitz, bleib da‹	ab 5. Monat	3 Tage
	›Platz‹	5–6 Monaten	1 Tag
	›Platz, bleib da‹	ab 6 Monaten	2 Tage
	›Hier‹ (Zurückkommen)	ab 3. Monat	1 Tag
	›Steh‹	ab 4. Monat	3 Tage
Weiterführende Erziehung ab 10 Monaten	Springen über Hindernisse		
	Klettern		
	Voraussenden		
	Apportieren		
	Gegenstand bewachen		
	Bewachen von Haus und Hof		
	Fährtensuchen		
	Revieren		

aufwächst, nicht unbedingt notwendig sein, was etwa das Bewegen im heutigen Straßenverkehr anbelangt. Stubenrein hingegen muß auch der in abgelegenen Gefilden lebende Hund sein und gewisse Dinge wird ihm auch dort sein Herrchen nicht erlauben. In der Regel wird ein Hund nicht so gehalten, daß er stundenlang bellen kann, ohne die Nachbarn zu entnerven, und er hält sich auch nicht ständig nur im eigenen Garten auf. Das bedeutet, daß jeder Hund sich so benehmen muß, daß er keinerlei Ärgernis bei den Mitmenschen erregt, die ja ohnehin nicht alle so vernarrt in Tiere sind, daß sie jedwe-

Oben: Als intelligenter und schneller Rennhund bewährt sich der Greyhound auch als guter Wächter des Hauses. Er erfordert viel Einfühlungsvermögen bei der Erziehung. Das Bild zeigt ein sehr schönes, 4 Monate altes, gestromtes Exemplar.

Unten: Eltern verschiedener Rassen bringen mitunter durchaus entzükkende Kinder zur Welt. Hier ein Mischling, dessen Alter nicht genau bekannt ist (ca. 1 Jahr).

des ›schlechte‹ Benehmen des Hundes tolerieren. Hinzu kommen die Verkehrsverhältnisse, die es nicht erlauben, den Hund frei laufen zu lassen. Damit wären schon allein drei Erziehungsmaßnahmen festgelegt: Stubenreinheit, Leinenführigkeit und ruhiges Alleinbleiben.

Auf den ersten Blick erscheint die Ausführung der Aufgaben ›Sitz‹ und ›Platz‹ vielleicht nicht zwingend notwendig für den jungen Hund. In Anbetracht dessen, daß er aber möglicherweise einmal zum Tierarzt oder ihm aus anderen Gründen in den Fang gesehen werden muß, macht ›Sitz‹ und ›Platz‹ besonders für einen Junghund einer großen Rasse zur Pflichtübung. Auch das Absitzen vor dem Überqueren einer belebten Straße ist sinnvoll. Später kann mit dem zuverlässig ausgeführten ›Sitz‹ und ›Platz‹ manch unliebsame Situation – etwa Raufen mit anderen Hunden – gerettet werden. Daß das Mitnehmen eines Hundes in ein Lokal nur dann möglich ist, wenn er die ›Sitz‹- oder ›Platz‹-Haltung einnimmt, dürfte einleuchtend sein.

Das frühzeitige Gewöhnen an das Kommando ›Aus‹, woraufhin er alles – aber auch alles – hergeben muß, kann unter Umständen sogar lebensrettend für ihn sein. Wie leicht könnte er sich sonst an einem splitternden oder mit Nägeln versehenen aufgenommenen Holzstück verletzen, oder weit Schlimmeres wäre denkbar. Die ›Aus‹-Übung kann sehr leicht in spielerischer Weise zur Anwendung gelangen. Mit einem hingehaltenen Lumpen, einem alten Handtuch oder einem Stück Sack spielt der Junghund gerne. Über das spielerische Element hinausgehend wird zudem der Beutetrieb geweckt. Hunde sind immer ›auf Beute‹ aus, und dann gilt es, die vermeintliche Beute gründlich zu schütteln. Das Kommando ›Aus‹, das heißt die Beute hergeben, bedeutet sicher für den Hund eine sehr große Überwindung. Hier zeigt sich, ob dem Herrn und Meister seitens des Hundes gebührender Respekt zukommt.

Jeder Hundehalter möchte natürlich, daß sein Hund auf Ruf sofort und ohne Umschweife zu ihm zurückkommt. Wie das zu erreichen ist, wird in einem entsprechenden Kapitel später beschrieben.

Immer sollte das Verhalten des Junghundes (und erst recht das des erwachsenen Hundes) so sein, daß es auch den zahlreichen Nicht-Hundefreunden niemals Grund zu Angriffen bietet.

Die Hundeerziehung kostet viel Mühe, erfordert Einfühlungsvermögen und einen verständnisvollen Ausbilder. Dafür erreicht der wohlerzogene Hund aber auch die Herzen der meisten Menschen. Dem Herrn bereitet die Ausbildung des Hundes viel Vergnügen, jeder Fortschritt bedeutet ein Erfolgserlebnis für Herrn und Hund. Herrchen ist stolz über das Erreichte und froh, daß der Vierbeiner überallhin mitgenommen werden kann.

Lob und Tadel

Jeder Hund ist empfänglich für ein lobendes Wort – etwa ›so ist's brav‹ oder ›braver Hund‹ –, ein Streicheln und noch mehr für die Gabe eines Lecker-

bissens. Gerade den Nahrungstrieb kann sich der Hundehalter bei der Erziehung seines Hundes zunutze machen und für erwünschtes Wohlverhalten einsetzen. Wichtig ist, daß das Lob unmittelbar nach einem ausgeführten Befehl einsetzt. So kann der Hund das Lob mit dem vorher Geforderten verknüpfen. Nur sofort verabfolgte Belobigungen prägen sich dem Hund ein, und spätere Aufgaben, für die er belohnt wurde, wird er bereitwillig ausführen. Damit er nun aber nicht auf die gewohnte anschließende Belohnung geradezu wartet, sollte man die Art des Lobes ständig wechseln.

Zu spät einsetzendes Lob kann sogar vom Hund für ein zwischenzeitlich anderes, das heißt unerwünschtes Verhalten verstanden werden.

Ein Lob braucht sich aber nicht nur auf Leckerbissen oder Streicheleinheiten zu beschränken; der Spaziergang nach dem gehorsam ausgeführten ›Sitz‹ zum Anlegen des Halsbandes und der Leine wird vom Hund durchaus als Belobigung empfunden.

Obwohl es gar nicht so selbstverständlich ist, daß der junge Hund sich stets so benimmt, wie es sein Halter wünscht, wird mit Lob meist eher sparsam umgegangen. Mit Tadeln ist man viel eher bei der Hand, wenn es gilt, unliebsames Verhalten zu unterbinden.

Loben im richtigen Augenblick verfehlt niemals die erzieherische Wirkung. Ebenso darf aber auch Tadel nur unmittelbar nach einem Fehlverhalten des Hundes erfolgen. Hundehalter sind häufig der Meinung, ihr Hund wisse ganz genau, warum er ausgeschimpft wird. Dem ist aber nicht so. Der Hund merkt lediglich an dem energischen Tonfall seines Herrchens oder Frauchens, daß man nicht gut auf ihn zu sprechen ist. Selbst wenn man die liebevollsten Koseworte in schimpfender Weise ausspricht, wird sich jeder Hund wegen des Mißklangs der Stimme dukken und vermeintlich wie ein ›Ausgeschimpfter‹ verhalten. Der Hund versteht der Worte eigentliche Bedeutung nicht; er entwickelt zwar im Laufe seines Lebens ein erstaunliches Repertoire an Hörlauten; seine Reaktion auf Schimpfen oder auf lobende Worte resultiert jedoch ausschließlich aus dem entsprechenden Tonfall des Herrchens. Würde man beispielsweise den Hund nach einer ›Untat‹ mit Worten wie »Du böser Hund, was hast du da gemacht« in zärtlichem Tonfall bedenken, wäre er schwanzwedelnd angetan von der ihm zuteil werdenden Freundlichkeit. Die gleiche beziehungsweise umgekehrte Wirkung erzielen Koseworte energisch oder schimpfend ausgesprochen.

Daß sich Tadel oder Strafe nur dann erzieherisch sinnvoll auswirken und vom Hund verstanden werden, wenn sie dem unerwünschten Verhalten des Hundes ›auf dem Fuße‹ folgen, mag nachstehendes Beispiel veranschaulichen: Der junge Hund ist – welchem Trieb auch immer folgend – davongelaufen. Herrchen ruft ihn immer wieder; der Hund aber kommt nicht. Des Umhertollens müde kehrt er schließlich zu seinem Herrn zurück. Was aber tut dieser (und das leider in der Mehrzahl solcher Fälle)? Er schimpft seinen Hund fürchterlich aus, wenn er sich in seinem Zorn nicht noch zu massiveren Strafen hinreißen läßt. Hier nun liegt der ganz entscheidende Denkfehler des Hundehalters. Der mit Recht Verärgerte glaubt, den Ungehorsam ahnden zu müssen. Der Hund hingegen fühlt sich für das Zurückkommen getadelt. Das Weglaufen verbindet er nicht mehr mit der Strafe, das liegt für sein Denken zu weit zurück. Lediglich das letzte Ereignis, und das ist das Zurückkommen zum Herrn – wenn auch mit reichlich Verspätung – wird mit der Schelte verknüpft, was zur Folge hat, daß er das nächste Mal erst gar nicht kommt. Um dem jungen Hund ein für allemal klarzumachen, daß das Kommen zum Herrn stets mit Angenehmem – sprich Loben, und zwar überschwenglich – verbunden ist, gilt es, den Ausreißer, wenn er naht, schon während des Herankommens mit Belobigungen zu bedenken.

Nach diesem Beispiel wird sicher verständlich, daß ein Tadeln des jungen Hundes im Falle des ›Geschäftchens‹ auf dem Teppich nur während des Geschehens oder sofort danach einen erzieherischen Wert aufweist.

Unter den Hundehaltern herrscht vielfach Unkenntnis über das anzuwendende Strafmaß bei unerwünschtem Verhalten. Zunächst muß man unterscheiden zwischen Tadel und Strafe. Als Tadel genügt beim jungen Hund in der Regel ein energisch ausgesprochenes ›pfui‹ für alle Verbote. Mit Strafe ist nicht körperliche Züchtigung gemeint. Das Entziehen des Futters im Falle des knurrenden Verteidigens der Futterschüssel wird durchaus vom Hund als schwere Strafe empfunden.

Niemals darf sich der Hundehalter zu Strafen im Zorn hinreißen lassen. Wer seine Gefühle nicht im Zaum halten kann, sollte sich gar nicht erst mit dem Gedanken der Anschaffung eines Hundes befassen. Ein ständig ungerecht behandelter Hund wird aggressiv, und irgendwann einmal kann das böse Folgen für den Hundehalter haben. Ein Hund duckt sich vielleicht eine ganze Zeit lang aus Angst vor seinem Herrn. Ganz sicher aber wird er eines Tages ein Ventil für seine angestaute Aggressivität finden.

Strafen können sich immer nur auf schwere Verfehlungen des Hundes beziehen. Wenn zu erkennen ist, daß man mit einfachem Tadeln nicht auskommt, schadet ein leichter Klaps auf das Hinterteil nicht. Ein Schlag mit der Hand wird als vom Herrn ausgehend erkannt, daher bedient man sich besser einer zusammengefalteten Zeitung. Vom Herrn selbst darf der Hund immer nur Gutes erwarten. Die häufig zu beobachtende Unsitte, den Hund bei Unfolgsamkeit, mitunter harmlosester Natur, mit der Leine zu schlagen, zeugt von großer Unüberlegtheit – man darf schon sagen: Dummheit – des Halters. Ein auf solche Weise gestrafter Hund wird sich zum einen sicher auf keinen Spaziergang mehr freuen, und zum anderen darf es nicht verwundern, wenn er der Leine entledigt, zu diesem Schmerz verursachenden Gegenstand nicht mehr zurückkommt.

Grundlos andere Hunde, Menschen oder Kinder anfallen sind Delikte, die natürlich nicht mit Tadeln oder milden Strafen geahndet werden können. Sollte es sich aber tatsächlich um grundlose Attacken handeln, wäre der Charakter des Hundes ohnehin so verdorben und die Haltung eines solchen Tieres wegen der immensen Risikofaktoren nicht möglich.

Tadel oder Strafe müssen stets dem Schweregrad des Ungehorsams angepaßt sein. Im allgemeinen sind Hunde immer bemüht, sich durch Wohlverhalten bei Herrchen beliebt zu machen, was ja mit großem Lob bedacht wird.

Eine völlig falsche Erziehung ergibt sich aus ständigen ›Bitten‹ an den Hund. Sehr bald merkt er, daß dies keine weiteren Folgen mit sich bringt und zunehmende Frechheiten würden daraus resultieren.

Bei Tadeln sollte nach dem Motto: »Weniger wäre mehr« verfahren werden, da ständige Rügen den Hund auch mit der Zeit abstumpfen lassen. Kurz und energisch vorgebrachter Tadel im richtigen Moment kommt hingegen stets an.

Mit Belobigungen – in welcher Form auch immer – für erwünschtes Verhalten des Hundes läßt sich alles in der Erziehung erreichen; einmal im falschen Augenblick getadelt oder gar gestraft kann nicht wieder gutzumachende Spuren gerade beim jungen Hund hinterlassen.

Wie wird der junge Hund stubenrein?

Während der erwachsene Hund täglich drei- bis viermal zur Verrichtung seiner Notdurft ausgeführt wird, ist beim jungen Hund ständige Beobachtung angezeigt. Gefahr ist immer dann im Verzuge, wenn er gefressen hat sowie nach Flüssigkeitsaufnahme, unmittelbar nach dem Aufwachen morgens, aber auch nach jedem Schläfchen während des Tages.

Wenn man nun bedenkt, daß der Tagesablauf des jungen Hundes zum überwiegenden Teil aus Fressen und Schlafen besteht, wird leicht verständlich, daß eigentlich nie mehr später im Leben des Hundes so viel Zeit – außer vielleicht für einen Kranken – aufzuwenden ist wie in den ersten 2–3 Wochen nach dem Einzug des jungen Hundes in sein neues Zuhause.

Wenn sich der Hund durch Suchen und Schnüffeln nach einem geeigneten Plätzchen anschickt, sein Geschäftchen zu verrichten, muß der Hundebesitzer blitzschnell reagieren. Er trägt den jungen Hund schnell nach draußen – er ist ja zunächst noch nicht leinenführig – und zwar an die Stelle, die auch für späteres Lösen genehm ist. Wichtig ist stets das Aufsuchen des gleichen Ortes, damit neben dem Gewöhnungseffekt auch der zuvor hinterlassene Eigenduft anreizt, sich gerade dort immer wieder zum Verrichten der Notdurft niederzulassen.

Richtig hinausgetragen wird der noch nicht an der Leine gehende junge Hund, indem eine Hand unter das Hinterteil faßt und die andere den Kleinen vorne vor der Brust fixiert. Jedes Ziehen an den Vorderbeinen oder Unterfassen unter die Ellbogen muß unterbleiben, da der gesamte Knochenapparat noch ungefestigt ist wie auch Bänder und Sehnen. Aus unsachgemäßem Aufnehmen des jungen Hundes

können lose Ellen und schlimmere Folgen resultieren.

Für den Hundehalter, der ein Stück Grasgarten sein eigen nennt, stellt sich das Problem der Stubenreinheit nicht in der Weise, wie etwa bei einem, der im Mehrfamilien- oder gar Hochhaus wohnt. Der eine hat seinen jungen Hund natürlich flugs draußen während sich der andere schon sehr beeilen muß, um draußen noch das geeignete Plätzchen zu erreichen. Da ist zu überlegen, ob der Hund nicht zunächst an ein in der Wohnung stehendes – mit Torf oder Stroh gefülltes – Kistchen mit niederem Rand zum bequemen Ein- und Aussteigen gewöhnt wird. Das Kistchen kann auch mit vielen Lagen Zeitungen ausgefüllt werden, die man immer, nachdem sie naß und beschmutzt sind, herausnimmt beziehungsweise wechselt. Diese Lösung bietet sich aber wirklich nur zum Übergang an, denn hygienisch ist dies auf Dauer keineswegs. Außerdem ist es sehr schwer, einen derart gewöhnten Hund später zu veranlassen, sich im Freien zu lösen. Umgekehrt muß der Hund aber auch einmal ohne Rasen sein Geschäft erledigen können, sonst kann es – beispielsweise auf Reisen – unendlich lange bis zum Lösen dauern.

Ist der Erfolg draußen wunschgemäß eingetreten, ist mit Lob nicht zu sparen. Und wie bereits erwähnt, hat das Ausschimpfen bei einem ungewollten Malheur etwa auf dem teuren Perserteppich nur dann Erfolg, wenn der Hund auf frischer Tat ertappt wird. Er muß dann auch sofort Gelegenheit erhalten, draußen seine Notdurft zu verrichten. Ihn am Morgen nach Entdecken eines Pfützchens auszuschimpfen, hat hingegen überhaupt keinen Sinn. Für dieses Mal kann man seinen Ärger ruhig vergessen.

Da ein Hund sein Lager in der Regel nicht beschmutzt, könnte man ihn vor allem in einer sehr großen Wohnung nachts anbinden, um seinen Bewegungsradius möglichst klein zu halten. Er würde sich dann unmittelbar vor seinem Liegeplatz lösen. Eine Dauereinrichtung darf daraus aber nicht entstehen, weil jede Bewegungseinschränkung dem Hund letztlich schadet.

Ein Boden, der aufgewischt werden kann, eignet sich ohne Zweifel in einer Wohnung, in der ein junger Hund gehalten wird, am besten. Durch Urin oder Kot verunreinigte Stellen im Teppichboden oder auf dem Teppich bedürfen einer gründlichen Säuberung, weil der Hund die gleichen Stellen gerne wegen des hinterlassenen Geruchs erneut aufsucht.

Auf den ersten Blick sieht die Erziehung zur Stubenreinheit sicher schwieriger aus als sie in Wirklichkeit ist. Wenn der junge Hund anfangs alle zwei Stunden hinausgeführt und nach 16.00 Uhr keine Flüssigkeit mehr verabreicht wird, hat er schnell verstanden, was bezüglich Sauberkeit von ihm erwartet wird. Nach zwei bis drei Wochen ist er dann, bis auf seltene Ausnahmen, stubenrein.

Um den Hund nicht zum Ärgernis für andere Mitbürger werden zu lassen, ist er von Anfang an dazu anzuhalten, Bürgersteige nicht zu verunreinigen, das heißt, sobald er sich niedersetzen möchte, muß ihn ein Zug an der Leine in den Rinnstein dirigieren.

An das Alleinsein gewöhnen

Die ersten Tage im neuen Heim sind für den jungen Hund sehr schwer. War er vorher in seiner Hundefamilie integriert, von der er nun getrennt wurde, muß ihm jetzt die menschliche Familie das Rudel ersetzen.

Zum besseren Eingewöhnen tut man gut daran, wenigstens tagsüber das neue Familienmitglied nicht zu lange alleinzulassen. Nachts hingegen muß er von dem ersten Abend an auf seinem ihm zugewiesenen Plätzchen bleiben und auch sein klägliches Wimmern in den ersten Nächten darf die Hundebesitzer nicht verführen, ihn etwa in das Schlafzimmer zu lassen. Damit hätte man bei dem Kleinen ein- für allemal verspielt. Er hätte bald heraus, wie man durch Heulen Gemächer erreicht, die für gewöhnlich für den Hund tabu sind. Konsequentes Verhalten des Hundehalters ist hier vonnöten.

Nachdem sich der junge Hund in seinem Zuhause eingewöhnt hat, versucht Herrchen, ihn einmal allein zu lassen – zuerst natürlich nur für ganz kurze Zeit. Der Hundehalter hält sich leise in einem anderen Raum auf und eilt flugs herbei, wenn der Kleine zu heulen anfängt. Noch im Hereinkommen wird er mit einem sehr energischen ›Pfui‹ oder ›Sei ruhig‹ bedacht. Verhält sich der Hund hingegen ruhig, erscheint Herrchen, um ihn ausgiebig zu loben und mit einem Belohnungshappen zu verwöhnen, der natürlich ausbleibt, wenn sich der Hund mit dem Alleinsein nicht zufriedengeben will und heult.

Um sicherzugehen, daß der junge Hund nicht vielleicht doch bemerkt, daß Herrchen gar nicht fort ist sondern nur in einem anderen Zimmer weilt, kann man einen Nachbarn bitten, zu kontrollieren, wie sich der junge Hund verhält. Der Einsatz von Lob und Tadel ist bei dieser Lektion besonders wichtig.

Die Abstände des Wegbleibens werden allmählich verlängert, so daß sich der Hundehalter auch einmal etwas vornehmen kann, wobei ihn der Hund nicht begleiten darf.

Da der junge Hund sich nach dem Verlust von Mutter und Geschwistern sehr eng an die Menschen anschließt, möchte er natürlich am liebsten immer in der Nähe seiner Familie sein. Das soll ihm anfangs auch weitgehend gewährt werden; er muß aber auch lernen, einmal allein zu bleiben.

Die Nachtruhe einhalten

Der junge Hund ist in der ersten Zeit der Eingewöhnung vor allem nachts – wenn er sich alleingelassen fühlt – oft unruhig und versucht durch Wimmern, Bellen oder auf irgendeine andere Art und Weise auf sich aufmerksam zu machen. Würde das Herrchen nun etwa versuchen, den Kleinen zu beruhigen und zu trösten, hätte dieser sein Ziel erreicht, und die Nachtruhe könnte man für die Zukunft vergessen. Beruhigen kommt einem Loben gleich und für die Unruhe in der Nacht soll der junge Hund ja nun keinesfalls gelobt werden. Da heißt es hart bleiben, und nach einigen Nächten ist Ruhe eingekehrt.

Hat sich der junge Hund eingewöhnt und verhält sich nachts ruhig, und er

Für den etwas älteren Hund oder solche einer großen Rasse angehörend, eignet sich eine Halskette. Das Bild auf Seite 47 unten veranschaulicht, wie der Karabiner in den toten Ring eingehakt wird.

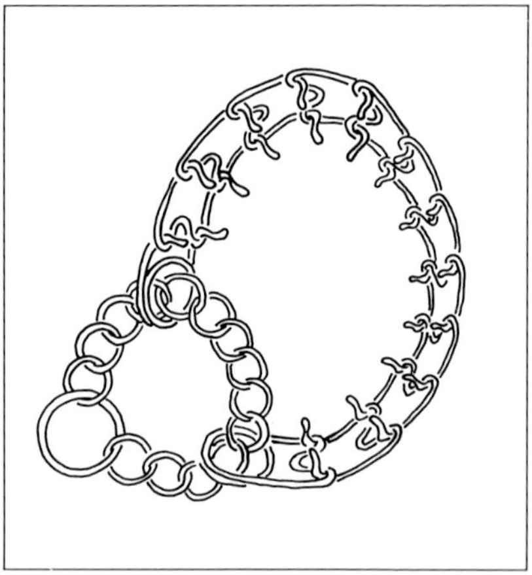

beginnt nun plötzlich zu bellen, sollte man der Sache auf den Grund gehen. Es wäre ganz falsch, ihn zu tadeln, ohne zu versuchen herauszufinden, was die Ursache für das Bellen gewesen sein könnte. Überhaupt muß der Hundehalter unterscheiden lernen, ob es sich um ein grundloses Bellen im Sinne von Aufsich-aufmerksam-machen oder vielleicht bereits um ein Anschlagen handelt. Wird dem jungen Hund das Bellen generell verboten, darf man nicht erwarten, daß er später Wachhundpflichten nachkommt.

Um diese zu fördern, gilt es bereits mit dem jungen Hund ›Gib Laut‹ zu üben. Wenn er von sich aus bellt, spricht der Halter ›Gib Laut‹. Das allerdings ist mehr ein Geduldsspiel, und wenn man darauf wartet, daß er bellt, um den Hörlaut ›Gib Laut‹ einflechten zu können, tut er es bestimmt nicht. Mit einem vorgehaltenen Happen oder der Futterschüssel, die vor des Hundes Nase gehalten wird, klappt das Bellen viel eher; vorher wird keine Belohnung – sprich Futter – verabreicht. Sofort nach dem jetzt erwünschten Bellen setzt der Hörlaut ›Gib Laut‹ ein, und sehr bald hat der junge Hund verstanden, um was es geht. Allmählich verknüpft er mit dem Hörlaut das erwünschte Bellen, zumal ja dafür eine begehrte Belohnung seiner harrt.

Beim jungen Hund muß das freilich noch nicht in Perfektion klappen. Auch kann die Ansicht aufkommen, daß der junge Hund eigentlich noch gar nicht bellen muß, zumal er mit einem möglichen Einbrecher ohnehin noch nichts anfangen kann. Im Hinblick darauf, daß der spätere Wachhund bellen muß, um Gefahr anzukündigen, und vom Schutzhund verlangt wird, daß er den Täter stellt und verbellt, kann mit der ›Gib Laut‹-Übung nicht früh genug begonnen werden, auch wenn beim jungen Hund noch nicht so sehr die Notwendigkeit zur Ausführung dieses Befehls besteht.

Der junge Hund wird leinenführig

Vor großen Spaziergängen mit dem angeleinten Junghund steht zunächst das Gewöhnen an das Halsband, was vom Hund durchaus nicht mit Begeisterung aufgenommen wird. Wenn er sich sehr dagegen sträubt, ist ein Trick hilfreich, wozu er allerdings besonders hungrig sein muß. Man stellt die volle Futterschüssel vor den jungen Hund, legt ihm aber – bevor er mit dem Fressen beginnt – das Halsband an. Beim Anblick des gefüllten Futternapfes vergißt er für diesen Moment das ihm lästige Halsband. Dieses ist anfangs ein einfaches Lederhalsband, das nicht zu eng verschnallt werden darf, aber auch nicht so locker, daß es über den Kopf gleiten kann.

Links: Wirkung eines Stachelhalsbandes auf den Hund: Bei jedem Zug bohren sich die Stacheln in den Hundehals.

Der Karabiner ist in den toten Ring eingehakt. Eine ständige Zugwirkung ist damit unterbunden.

Bei großen Rassen und dem etwas älteren Junghund ersetzt später eine nicht zu schmale Halskette das Lederhalsband. Die Anschaffung eines sogenannten Stachelhalsbandes erübrigt sich völlig und der Ausspruch eines Hundehalters, er könne damit seinen Hund besser halten, zeugt nicht von einer soliden Hundeerziehung und eher von der Unfähigkeit des Führers, seinen Hund entsprechend zu erziehen.

Beim Anlegen der Halskette ist darauf zu achten, daß das lose Ende, welches mit dem Karabiner der Leine verbunden ist, über dem Nacken des Hundes verläuft, denn nur so kann sich ein erwünschter Zug bei Nachlassen des Gegenzuges wieder lockern. Zeigt die Zugrichtung aber nach unten, bleibt die Kette auch bei lose durchhängender Leine gespannt. In unkundiger Hand kann die Zugkette schon eine schlimme Quälerei für den Hund bedeuten. Deshalb sollte der Hundehalter überlegen, ob er die Leine nicht von vornherein in den toten Ring einhakt und so den würgenden Punkt am Hundehals vermeidet. In aller Regel genügt diese Art des Einklinkens völlig, und durch den ruckartigen Zug nach oben erreicht man auch den erwünschten Effekt.

Bei dem ganz jungen Hund darf jedoch noch keinerlei Zug und Zwang ausgeübt werden. Er würde dadurch nur ein für allemal kopfscheu. Zum Gewöhnen genügt es, das Halsband eine Viertelstunde anzulegen. Allmählich – durch Verlängerung des Anlegens – gewöhnt sich der junge Hund an das Halsband und der nächste Schritt – das Gehen an der Leine – steht an.

Es ist sinnvoll, wenn die ersten Versuche an der Leine in der gewohnten Umgebung vor sich gehen – also im Haus oder Garten –, um den jungen Hund nicht zusätzlich durch Umweltreize zu verunsichern. Die meisten jungen Hunde setzen sich angeleint erst einmal hin. An der Leine zu zerren, wäre nun aber ganz falsch und würde den in seinem Bewegungsdrang eingeschränkten Hund nur noch einschüchtern. Auch hier wieder ein kleines Hilfsmittel: Wenn sich Herrchen am Ende der Leine niederhockt und den Hund lockend ruft, kommt er in den meisten Fällen schnell heran, in der

Diese Halskette für den etwas älteren Junghund hängt normalerweise locker um den Hals; ein Zugstück ermöglicht aber auch bei Bedarf eine wirkungsvolle Einwirkung.

Meinung, Herrchen sei infolge seiner Kleinheit arg weit weg und es gilt, ihn einzuholen. Ein riesengroßes Lob ist ihm dann natürlich sicher.

Anfangs ist nur wichtig, daß sich der junge Hund überhaupt bewegt, ob vor- oder rückwärts ist nicht so entscheidend. Der Halter geht mit möglichst lose durchhängender Leine darauf ein. Erst nach völliger Gewöhnung an die Leine legt Herrchen Tempo und Richtung fest. Stürmt der junge Hund zu sehr nach vorne, bremst ihn ein kurzer, energischer Ruck an der Leine. Ständiges Gegenhalten stumpft den Hund mit der Zeit ab. Die Gangart ist so zu wählen, daß der junge Hund ohne Mühe folgen kann. Ein Spielen mit der Leine und ein Hineinbeißen darf dem Hund nicht gestattet werden.

Herbeikommen auf Ruf

Ein absolutes Muß in der Hundeerziehung ist die Übung des Herbeikommens zum Herrn auf dessen Rufen. Daß der junge Hund sich am liebsten bei seinem Herrn oder in dessen Nähe aufhält – vorausgesetzt, es besteht von Anfang an ein großes Ver- und Zutrauen zum Herrn, das durch nichts getrübt wurde – erleichtert die Übung sehr. Man sollte damit beginnen, bevor sich der junge Hund auf große Erkundungstour begibt und irgendwann zu dem verärgerten Herrchen zurückkehrt.

Wie schon zuvor erwähnt, werden nirgendwo sonst in der Hundeerziehung so viele Fehler gemacht wie gerade in der eben behandelten Aufgabe.

Beim Anlegen einer Halskette für den etwas älteren Junghund gleitet die Kette von oben nach unten durch den Ring.

Deshalb sei noch einmal in das Gedächtnis gerufen: Der Hund muß wissen, daß das Zurückkommen zum Herrn immer mit Annehmlichkeiten verknüpft ist. Das kann er aber nur dann, wenn er bei jedem Zurückkommen – einerlei, wie lange er fort war – über die Maßen vom Herrn gelobt wird. Sobald er das begriffen hat, fallen Erkundungsausflüge weit kürzer aus. Zur Übung ›Komm her‹ oder einfach nur ›Hier‹ ist eine 10 m lange Leine erforderlich. Der junge Hund kann – soweit er mag – vorauslaufen. Auf das Kommando ›Komm her‹ oder ›Hier‹, dem der Rufname des Hundes vorangestellt werden kann, müßte nun eigentlich der junge Hund sofort und ohne Umschweife angerannt kommen. Das aber wird selten auf Anhieb klappen. Ein kurzer, aber energischer Ruck an der Leine nach dem Kommandowort und Nichtbefolgen dieses, läßt den jungen Hund sehr schnell das Verlangte verstehen. Der Ruck an der Leine wird selten öfter hintereinander angewandt werden müssen. Verständlicherweise hat dieser Ruck aber so – nur ein Mal kurz – zu erfolgen, daß er vom Hund als Strafe beziehungsweise als strenge Aufforderung für sein Nichtkommen verstanden wird.

Sobald das Kommen des jungen Hundes an der langen Leine keine Schwierigkeiten mehr bereitet, geht man in das Kommen nach Ableinen über. Damit sich auch dabei nicht erst Fehler derart einschleichen, daß der junge Hund nach dem Entfernen der Leine erst einmal seinem Freiheitsdrang frönt, findet die erste Übung ohne Leine im Garten beziehungsweise eingezäunten Grundstück statt. Dort sind zumindest seiner Unternehmungslust Grenzen gesetzt.

Nach erfolgreicher Absolvierung in eingezäuntem Gelände kann der Schritt ins offene Gelände gewagt werden. In diesem Zusammenhang ist wichtig zu wissen, daß der Hundehalter dem sich weiter entfernenden Hund niemals nachlaufen darf. Dieser fände das vermeintliche Fangspiel amüsant. Geht Herrchen aber in so einem Fall in der entgegengesetzten Richtung davon, folgt der junge Hund schon deshalb, weil er fürchtet, alleingelassen zu werden.

Bei der Übung ›Komm her‹ setzt das Lob bereits ein, wenn sich der junge Hund Richtung Herrchen bewegt.

Sitzen

Schon dem ganz jungen Hund kann man auf einfache Weise das ›Sitz‹ beibringen. Wird ihm ein Leckerbissen so vorgehalten, daß er den Kopf heben muß, um ihn ja nicht aus den Augen zu verlieren – aber nicht so hoch, daß er danach springt –, so erleichtert er sich selbst das Erreichen des begehrten Leckerles durch eine bequemere Haltung, nämlich durch Hinsetzen. Dazu gibt Herrchen den Hörlaut ›Sitz‹.

Eine andere Art für die Sitzübung besteht darin, mit der rechten Hand in das Halsband zu fassen, um ein Ausweichen des Hundes nach vorne oder rückwärts zu verhindern, und mit der linken Hand den Hund sanft aber bestimmt unter Anwendung des Hörlautes ›Sitz‹ mit einem Druck auf die

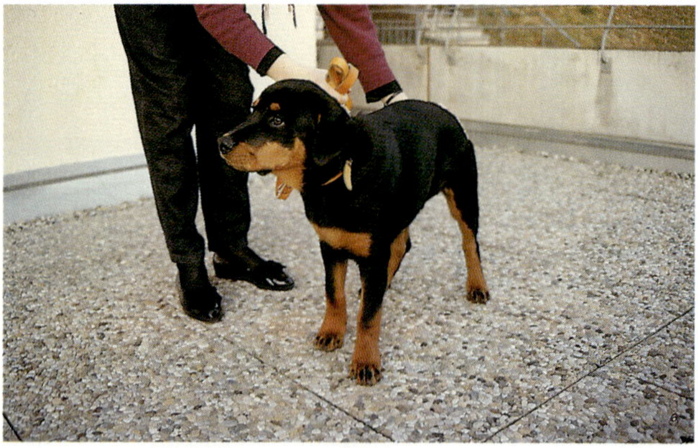

Während des Einwirkens der linken Hand auf die Kruppe spricht der Hundeführer zugleich den Hörlaut »Sitz«.

Der Hörlaut muß deutlich und energisch gesprochen werden; gleichzeitig drückt die linke Hand die Kruppe des Hundes herunter, bis er sitzt. In der sitzenden Haltung soll der junge Hund eine Weile verharren.

Normalerweise sollte der Hundeführer gerade und aufrecht neben dem Hund stehen und die Leine locker in der rechten Hand gehalten werden. Hilfestellung durch Niederbeugen zum jungen Hund ist anfangs – vor allem bei noch kleinen Hunden – erlaubt.

Um dem Hund das »Sitz« beizubringen, halte man ihm ein Leckerle so vor die Nase, daß er gezwungen ist, den Kopf zu heben, was ihn wiederum veranlaßt, sich hinzusetzen.

Im Alter von knapp 1 Jahr macht dieser Zwergschnauzer »Sitz« und »Bleib«. Schnauzer gehören zu den leicht erziehbaren Hunderassen.

Kruppe niederzudrücken. Diese Hilfestellung fällt dann weg, wenn der junge Hund verstanden hat, sich auf das alleinige Hörzeichen ›Sitz‹ hinzusetzen. Der erhobene Zeigefinger dient unterstützend als Sichtzeichen.

Wenngleich die Sitzübung mit dem jungen Hund nicht den Rang der Erziehung zur Stubenreinheit oder des Herkommens einnimmt, so ist sie doch eine wichtige Vorübung für spätere Aufgaben.

Beim älteren Junghund fügt sich später die Übung ›Bleib da‹ noch an, was aber schon zu den fortgeschrittenen Aufgaben gehört.

›Bei Fuß‹

›Sitz‹ und ›Bei Fuß‹ gehören eng zusammen. Da wirft sich zunächst die Frage der Notwendigkeit dieser Übung für den jungen Hund auf, die voll und ganz mit JA beantwortet werden muß. Es wird ja nun nicht ein ständiges ›Bei Fuß‹-Gehen verlangt. Der dichte Straßenverkehr gebietet aber, daß sich der junge Hund eng an der Seite seines Herrn – eben ›Bei Fuß‹ – bewegt und aufhält. Diese Übung korrekt ausführen heißt: Der Kopf des jungen Hundes befindet sich – je nach Größe der Rasse weiter oben oder unten – in Höhe des

Wenn die Leine noch durchhängt, geht der Hund korrekt »Bei Fuß«.

Oberschenkels oder Knies des Führers. Durch entsprechende Einwirkung mit der Leine und dem Hörlaut ›Bei Fuß‹ muß man dafür sorgen, daß diese Linie vom Hund nicht überschritten wird.

Den unwillig ›Bei Fuß‹ gehenden Junghund kann der Hundeführer absitzen lassen, um aus dieser Stellung heraus bei entsprechender Leinenführung mit dem Kommando ›Bei Fuß‹ antreten zu lassen. Um Ermüdungserscheinungen des jungen Hundes vorzubeugen, darf diese Übung natürlich nicht so oft hintereinander wiederholt werden.

Üblicherweise führt man im Hundesport den Hund auf der linken Seite des Hundeführers.

Um im Bedarfsfall auch richtig einwirken zu können, muß die locker in der rechten Hand gehaltene Leine durchhängen. Bei ständig angespannter Leine und Dauerzug ist eine effektive Einwirkung nicht möglich.

›Platz‹ machen

Wenngleich das Hinlegen für den Hund eine bequeme und ruhende Position darstellt, sträuben sich doch manche Hunde anfangs, wenn es gilt, auf Kommando diese Stellung einzunehmen. Deshalb sollte vom ersten Moment an keinerlei Zwang zur Ausführung des ›Platz‹-Machens entstehen. Wieder kann ein dargebotener Leckerbissen bei der Einübung hilfreich sein. Dem sitzenden Hund wird ein solcher in Bodennähe angeboten. Mit einer Hand fixiert man den jungen Hund in der sitzenden Stellung. Um an das Leckerle heranzukommen, muß sich der Hund niederlegen. Nur darf das gleichzeitig gesprochene ›Platz‹ nicht fehlen, denn letztendlich soll ja das ›Platz‹ auf das gegebene Kommando erfolgen und nicht auf ein vorgehaltenes Leckerle.

Eine andere Form der ›Platz‹-Übung, nämlich dem sitzenden jungen Hund die Vorderbeine wegzuziehen bei gleichzeitigem Niederdrücken des Tieres und Geben des Hörlautes ›Platz‹ ist sicher wirkungsvoll, entbehrt aber doch nicht einer sanften Art der Zwangseinwirkung.

›Platz, bleib da‹ ist ebenso wie ›Sitz, bleib da‹ eine Lektion für den älteren Junghund, das heißt, eine Übung für Fortgeschrittene.

Auslassen

Bereits der junge Hund muß lernen, auf das Kommando ›Aus‹ alles, was auch immer er gerade im Maul hat, herzugeben beziehungsweise sich vom

Dem Hund soll aus dem »Sitz« mit einem Leckerle das »Platz« gelehrt werden.

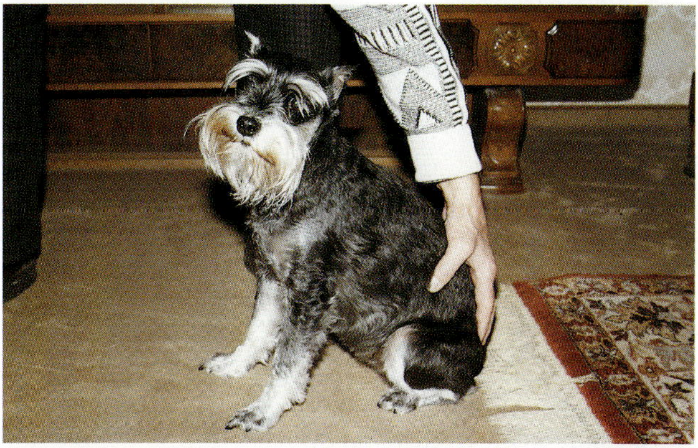

Mit der einen Hand wird der Hund hinten fixiert und mit der anderen ihm ein Leckerle so gereicht, daß er gezwungen ist, sich niederzulegen, um es zu erreichen. Dabei darf das Kommandowort »Platz« nicht fehlen.

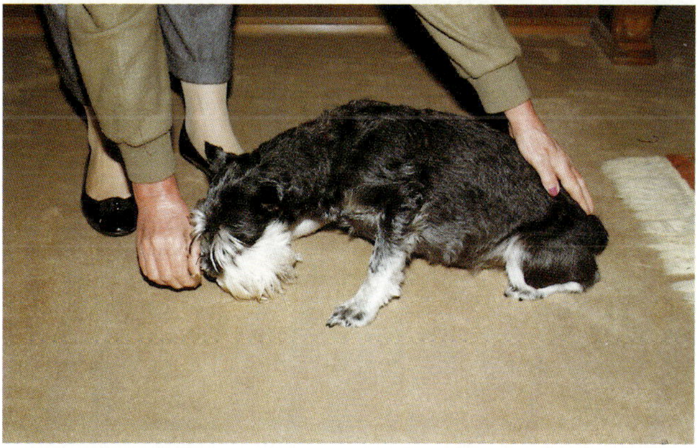

Wenn der Hund später nur auf das Kommandowort »Platz« einnimmt und sogar liegenbleibt, ist diese Übung in Perfektion ausgeführt.

Herrn abnehmen zu lassen. Auf die Wichtigkeit dieser Lektion kann gar nicht genug hingewiesen werden. Ein junger Hund, der knurrend sein Spielzeug verteidigt, mag noch belustigend wirken; als ausgewachsener Hund – besonders einer großen Rasse angehörend – wird er allerdings zu einer echten Gefahr, wenn er sich von seinem Herrn nichts abnehmen läßt. Um das zu vermeiden, muß die Erziehung zum Auslassen schon früh einsetzen.

Ein alter Lumpen, ein Sack oder ähnliches, an dem der junge Hund zerren darf und den Herrchen festhält, weckt zwar den Beutetrieb, der ja für manch spätere Verwendung des Hundes erwünscht ist, auf das Kommando ›Aus‹ muß aber jeder Hund loslassen.

Wenn der junge Hund das weggeworfene Stöckchen oder eine leichte Hantel zwar zurückbringt, sie aber nicht hergeben will, überlistet ihn wieder ein vorgehaltener Leckerbissen, den er dem Stöckchen mit Sicherheit vorzieht, was bedeutet, daß er den Fang öffnen muß, um an das Begehrte zu gelangen. Auf diese Weise läßt er Stöckchen oder Hantel fallen.

Nach dem freiwilligen oder durch List erreichten Auslassen ist selbstverständlich großes Lob am Platze.

Das Auslassen fordert ohne Zweifel dem jungen Hund viel ab. Einerseits möchte er gerne ›Beute machen‹ und diese auch behalten; andererseits aber muß er lernen, Herrchen alles abzugeben und zwar ohne Murren; Fremden gegenüber soll er jedoch seine Beute verteidigen. Das alles zu begreifen und zu unterscheiden, ist sicher schwer für den jungen Hund und Herrchen muß hier mit Geduld, aber konsequent vorgehen. Eine Ausnahme machen wäre schon eine zuviel.

Wenn hier und an anderen Stellen von Herrchen gesprochen wird, sind damit neben dem ›Erziehungsberechtigten‹ natürlich alle im Rang über dem Hund stehende Familienmitglieder gemeint, was die Kinder der Familie – wie zuvor schon erläutert – nicht unbedingt einschließt, weshalb lieber nicht darauf bestanden werden sollte, daß das Kleinkind dem Hund etwa einen Knochen abnehmen darf.

Verbote

Alles, was dem Welpen und jungen Hund erlaubt wird, kann man dem älter werdenden Tier nicht oder nur sehr schwer abgewöhnen. Nun sind die Auffassungen dessen, was erlaubt ist und was nicht, unter Hundehaltern sehr verschieden und jeder muß das für sich selbst lösen. Gewisse ›Anstandsregeln‹ haben aber noch Allgemeingültigkeit, sei es, um hygienischen Erfordernissen Genüge zu tun, oder um zu gewährleisten, daß der Hund nirgendwo Ärgernis erregt.

Als Liegestatt darf der Hund nur das ihm zugewiesene Plätzchen benutzen. Betten und Sessel, die so herrlichen Duft des menschlichen Kumpans verbreiten, sind für den Hund tabu. Auch bei sorgfältigster Pflege kann der Hund einmal von Flöhen oder anderen Schmarotzern heimgesucht werden. Da manche dieser Schmarotzer aber auch für den Menschen gefährlich sein können – zum Beispiel kann die Zecke

Deutsche Dogge, gelb-gestromt, 11 Monate alt. Auch bei dieser Rasse muß man sich an das hängende Ohr gewöhnen.

Beagles sind als spursichere Jagdhunde beliebt; wegen ihrer Anhänglichkeit hält man sie aber auch gerne als Haushunde.

Überträger eines Enzephalitis-Virus (Gehirnhautentzündung) sein – wird verständlich, warum der Hund nicht in ein Bett darf. Wird ihm aber ein Sessel als Liegeplatz zugestanden, so darf es nur ein einziger sein, der künftighin vom Hund in Beschlag genommen wird. Alle anderen Sitz- und Liegemöbel sind ein- für allemal ›Pfui‹.

Ebenso ist bei allem Verbotenen mit einem lauten ›Pfui‹ dazwischenzufahren.

Das Bedürfnis des jungen Hundes Möbel, Teppiche etc. anzunagen, vermag man durch Zurverfügungstellung von geeignetem Spielzeug zu dämmen. Auch die stete Beschäftigung mit dem jungen Hund lenkt diesen von Unarten ab.

Das Betteln des jungen Hundes bei Tisch ist eine besonders schlimme Unart, die unbedingt von Anfang an abgestellt werden muß. Das Aussperren des Hundes während der Mahlzeiten wäre eine Möglichkeit, die aber nicht das Problem des Bettelns löst. Wenn der junge Hund brav beim oder unter dem Tisch sitzenbleibt, muß er während der Mahlzeiten der Familie nicht auf sein Hundeplätzchen gezwungen werden. Am Tisch hochspringen oder sich mit der Pfote bettelnd bemerkbar machen, darf er hingegen nicht. Wichtig ist die konsequente Haltung der Familie, die ohne Ausnahme vom Tisch keine Happen an den jungen Hund verteilt. Das muß auch für Gäste des Hauses gelten, die dieses Gebot mitunter zu mißachten versuchen. Für den Hund ist es leichter, beim Essen zuzuschauen, wenn er satt ist, also vorher gefüttert wurde.

Obwohl das Hochspringen des jungen Hundes während der Begrüßung des Herrn äußerste Wiedersehensfreude ausdrückt, die man ja eigentlich nicht bestrafen kann, ist dieser Liebesbeweis des Hundes für den Menschen lästig. Wenn ein Riesenhund – Dogge, Bernhardiner, Irish Wolfshound – durch Hochspringen am Herrn seiner Freude Ausdruck verleiht, ist die Standfestigkeit des Menschen sehr in Frage gestellt. Mit einem energischen ›Sitz‹ kann man das stürmische Tun des Hundes unterbinden. Auf eine etwas hinterlistige Art und Weise läßt sich mit absoluter Sicherheit erreichen, daß der junge Hund künftig seine Begrüßung in gewünschter Form vornimmt. Wenn er gerade hochgestiegen ist, tritt Herrchen auf die Hinterfüße und zwar so, daß es der Hund wirklich als schmerzhaft empfindet, er aber nicht merkt, daß die Einwirkung vom Herrn ausging. So verknüpft er künftig das Hochsteigen mit Schmerzen und läßt es lieber sein.

Zu gerne frönen Hunde ihrem Verfolgungstrieb, indem sie Fahrräder, Mopeds, Autos und andere Fahrzeuge wütend und bellend verfolgen. Beim jungen Hund sieht das ja zuweilen noch lustig aus, die Fahrzeugführer kommen aber doch in arge Bedrängnis, von möglichen Unfällen ganz zu schweigen. Eine so gefährliche Unart muß schnellstens abgestellt werden. Zu diesem Zweck kommt der junge Hund an die lange Leine, das Halsband wird diesmal auf Zug gestellt, und wenn ein energisches ›Pfui‹ im Moment der Verfolgungsaufnahme nicht fruchtet, so läßt man den Hund voll ›in die Leine‹ laufen; durch Stehenbleiben und ruckartiges Gegenhalten verstärkt der Hundeführer die Vollbremsung, die für den Hund so unangenehm ist, daß er keine weiteren Verfolgungsjagden mehr startet. Anderenfalls muß noch einmal die lange Leine in Aktion treten.

Um den jungen Hund nicht zum Stehlen zu verleiten, sollte nichts Eßbares unbeaufsichtigt stehenbleiben. Ist es aber geschehen, daß der Hund sich Essen vom Tisch geholt hat, und er wurde dabei nicht beobachtet, ist Schelten im nachhinein sinnlos. Man müßte ihn schon auf frischer Tat ertappen, um ihn strafen zu können; das heißt, ein ›Pfui‹ in dem Moment, bevor der Diebstahl vollendet ist, verfehlt seine Wirkung nicht. Neigt der Hund zum Stehlen, kann eine Situation provoziert werden, in welcher er sich allein und unbeobachtet wähnt. Ein Stück Fleisch wird so auf den Tisch gelegt, daß man es durch das Schlüsselloch oder einen offenen Türspalt sehen kann. In dem Moment, da der Hund zum Diebstahl ansetzt, ertönt Herrchens ›Pfui‹ und das Ertapptsein sowie das Gefühl, Herrchen sei allgegenwärtig, wirkt sicher auch noch bei anderen ›Schandtaten‹ erfolgreich nach.

Fütterung

Wann? – Wie oft?

Der 2–3 Monate alte junge Hund erhält in der Zeit zwischen 6.00 Uhr morgens und 22.00 Uhr abends noch 4- bis 5mal Futter; bis zum Alter von 5 Monaten bekommt er 3–4 Mahlzeiten; von 6–11 Monaten werden 3 Fütterungen verabreicht, im Alter von 12 Monaten 2, und danach ist nur noch 1 Hauptmahlzeit nötig.

Nach 17.00 Uhr sollte der in der Wohnung gehaltene junge Hund kein Wasser mehr bekommen, und der ältere Hund, dem Wachdienste obliegen, ist möglichst nach 17.00 Uhr nicht mehr zu füttern.

Um den Hund zu einer gewissen Regelmäßigkeit zu erziehen, sind die einmal eingeführten Futterzeiten genau einzuhalten. Nicht verzehrtes Futter darf nicht bis zur nächsten Mahlzeit stehenbleiben; was nach 10 Minuten nicht aufgefressen ist, wird weggenommen, frischgestellt und zur nächsten Mahlzeit erneut angeboten. Steht aber dem Hund das Futter ständig zur Verfügung, entwickelt er sich nicht zu einem guten Fresser, weil er nie richtigen Appetit hat.

Daß Futter- und Wasserschüssel peinlich sauber gehalten werden müssen, sollte für den Hundehalter eine Selbstverständlichkeit sein.

Nach körperlicher Anstrengung wird der Hund von sich aus nicht fressen wollen und auch wenn er erhitzt oder müde ist, sollte ihm bis zur Fütterung wenigstens eine Ruhepause von einer halben Stunde möglich sein.

Der junge Hund muß zwar ausreichend mit Frischwasser versorgt werden, ein ständig gefüllter Wassernapf verführt jedoch leicht zu Spielereien und ohne, daß der Hund wirklich Durst hat, schlabbert er an der Schüssel herum. Deshalb empfiehlt sich eine rationierte Wassergabe, die vor allem der Futterart angepaßt sein muß. Bei Verabreichung von Trockenfutter benötigt der Hund natürlich eine größere Wassermenge, ebenso bei heißer Witterung und nach ausgedehnten Spaziergängen. Da beim Zwingerhund der Wasserbedarf nicht so genau wie beim Wohnungshund kontrolliert werden kann, muß ihm den ganzen Tag über uneingeschränkt frisches Trinkwasser zur Verfügung stehen.

Was? – Wieviel?

Nährstoffe

Außer den lebenswichtigen Vitaminen, Mineralstoffen und Spurenelementen setzt sich die Nahrung des Hundes aus den Grundbausteinen Eiweiß (Proteine), Fett und Kohlenhydraten zusammen. Während Fette und Kohlenhydrate einander zeitweilig ersetzen können, sind sie jedoch nicht imstande, die Funktion der Eiweiße zu übernehmen, was damit zusammenhängt, daß sie u.a. keinen Stickstoff enthalten.

Die Tatsache, daß der Organismus des erwachsenen Hundes zu mehr als 50% aus **Wasser** besteht und der des Welpen zu 75%, macht die enorme Bedeutung eines funktionsfähigen Wasserhaushaltes deutlich. Die Einbuße nur eines Zehntels des für seinen Körperhaushalt notwendigen Wassers kann ein Hund nicht überleben. Zum größten Teil erfolgt die Flüssigkeitsaufnahme durch das Trinkwasser und die Nahrung, die mehr oder weniger hohe Anteile an Wasser aufweist. Der Bedarf an Flüssigkeit unterliegt großen Schwankungen und ist von mehreren Faktoren abhängig. In erster Linie richtet er sich nach der Leistung des Hundes (Bewegung, Ausbildung), aber auch das Wetter (bei warmer Witterung verdampft der Körper mehr Wasser als bei großer Kälte) und die Körpertemperatur des Hundes üben Einfluß auf den Flüssigkeitsbedarf aus. Wissenschaftlichen Studien zufolge benötigt der Hund pro Kilogramm Körpergewicht 60–75 ml Wasser am Tag; das heißt, die Flüssigkeit, die er nicht über die Nahrung erhält, muß als Trinkwasser angeboten werden. Ein Hund mit einem Gewicht von 20 kg benötigt ca. 1,5 l Wasser. Erhält dieser Hund nun ein Trockenfutter, das 20% Feuchtigkeit enthält, nimmt er bei einer Fütterung von 400 g dieses Fertigfutters 80 g Feuchtigkeit (0,08 l) mit der Nahrung auf. Es wären demnach 1,42 l zusätzlich durch Frischwasser zu ergänzen. Kleinere Rassen und junge Hunde trinken im Verhältnis zu großen und ausgewachsenen Hunden mehr Wasser, was darauf zurückzuführen ist, daß die Körperoberfläche eines kleinen Hundes relativ größer ist als die eines großen Tieres (gleiches gilt auch für die Ernährung des Hundes insgesamt).

Obwohl Wasser ebenso wie Sauerstoff nicht im Sinne der vorher genannten Nahrungsstoffe aufzufassen sind, soll hier dennoch auf ihre Bedeutung hingewiesen werden, da ohne Wasser und Sauerstoff letztlich kein Leben möglich ist.

Eiweiß

Sowohl tierisches als auch pflanzliches Eiweiß setzt sich aus sogenannten Aminosäuren zusammen; über 20 davon sind bisher bekannt. Von diesen sind 10 essentiell, das heißt, der Organismus kann sie nicht selbst aufbauen, und sie müssen mit der Nahrung zugeführt werden, weil sie lebensnotwendig sind.

Eiweiß wird zum Aufbau eigener Körpersubstanzen unbedingt benötigt. Deshalb muß jedes Futter einen Mindestanteil an Eiweiß enthalten. Bei Hunden, die sich noch im Wachstum befinden, sollten die Hälfte bis zu zwei Dritteln des Futters aus Fleisch und anderen Eiweißstoffen bestehen; beim erwachsenen Hund enthält die Futterration mindestens ein Drittel tierisches Eiweiß; hinzu kommt noch pflanzliches Eiweiß aus zusätzlichen Futtermitteln.

Milch- und Fleisch-Eiweiße besitzen für den Hund einen größeren Nährwert als die meisten Proteine pflanzlicher Herkunft. Bei der Verschiedenartigkeit der Eiweißzusammensetzungen garantiert nur eine Fütterung mit Eiweißen verschiedenster Herkunft, wie sie eine abwechslungsreiche, gemischte Kost bietet, die Gewähr einer ausreichenden Protein-Versorgung.

Wenngleich Proteine auch Wärme und Energie freisetzen, muß doch der Energiebedarf des Hundes nicht aus Eiweiß gedeckt werden; Kohlenhydrate und Fette sind preiswertere Energiespender.

An erster Stelle in der Wertigkeit an Aminosäuren steht **Milch**. Sie enthält alle lebensnotwendigen Aminosäuren in idealer Zusammensetzung. Wegen des hohen Milchzuckeranteils können größere Mengen Kuhmilch beim erwachsenen Hund Durchfall bewirken, weshalb lieber auf Nebenprodukte der Milch, bei denen der Großteil des Milchzuckers abgeschieden wird (Quark, Molke), zurückgegriffen werden sollte. Gerade für den jungen Hund ist Quark ein vorzüglicher Proteinspender.

Tierisches Eiweiß nimmt die zweite Stelle in der Wertigkeit ein. Die Aufzählung wird in der ungefähren abfallenden Reihenfolge gegeben: Ei (kein rohes Eiweiß), rohes Muskelfleisch von Rind, Pferd und Schaf, Leber und Niere, gekochtes Muskelfleisch, Fisch, Fischmehl, Knochenmehl, Rindermagen. Weniger wertvolles Eiweiß enthalten Knorpel, Schwarten und Knochen. Eiweiße tierischen Ursprungs können sowohl roh als auch hitzebehandelt verabreicht werden. Der Hund verdaut rohes tierisches Eiweiß gut, noch besser aber hitzebehandeltes (gekocht oder gebraten).

An dritter Stelle sind schließlich die **pflanzlichen Eiweißarten** zu nennen: Haferflocken, Reis und Mehl. Damit der Hund pflanzliche Nahrung verwerten kann, muß sie durch Hitzebehandlung aufgeschlossen werden. Sogenannte Hundeflocken aus verschiedenen Zerealien (Getreide, Feldfrüchte, Getreideflocken) wie Weizen, Mais, Sojabohnen und Hirse zusammengesetzt, können auch ungekocht und uneingeweicht zur Fütterung gelangen.

Ein Eiweißmangel infolge fehlerhafter Fütterung macht sich nicht sofort bemerkbar. Der Hund kann sich anfangs noch auf verschiedene Weise anpassen. Durch Drosselung der Oxydation im Körper ist der Bedarf an Aminosäuren zu vermindern. Um den Mangel zunächst zu überbrücken, können in der Leber eingelagerte Eiweiße zu Hilfe genommen werden. Wenn aber zum Ausgleich des Defizits das körpereigene Eiweiß aufgezehrt wird, treten die Mangelerscheinungen bald zutage. Je nach Schwere des Mangels führen sie neben erhöhter Infektionsbereitschaft zu Mattigkeit, Muskelschwund, Herzstörungen bis hin zur völligen Abmagerung.

Fette

Fette sind Verbindungen, die ausschließlich aus den Elementen Kohlenstoff, Wasserstoff und Sauerstoff aufgebaut sind. Gebildet werden sie aus dem dreiwertigen Alkohol Glyzerin und Fettsäuren wie Buttersäure, Capronsäure, Caprylsäure, hauptsächlich aber aus höheren Fettsäuren wie zum Beispiel Palmitinsäure, Stearinsäure, Ölsäure. Palmitin- und Stearinsäure sind sogenannte gesättigte, Ölsäure ist eine ungesättigte Fettsäure. Während die gesättigten Fettsäuren vorwiegend der Ernährung dienen, haben die ungesättigten Fettsäuren mehr die Aufgabe, wichtige Körperfunktionen aufrecht zu erhalten.

Manche der Fettsäuren sind essentiell, das heißt, der Organismus vermag die Säure nicht selbst herzustellen; da sie aber lebenswichtig sind, müssen sie

Chow-Chows sind nicht leicht zu erziehen, da ihnen infolge ihres eigenwilligen Charakters eine Unterordnung schwerfällt.

mit dem Futter zugeführt werden. So ist beispielsweise die zweifach ungesättigte Linolsäure ein wichtiger essentieller Nahrungsbestandteil. Wird Linolsäure nicht in ausreichender Menge mit dem Futter aufgenommen, werden auch mehrfach ungesättigte Fettsäuren essentiell. Linolsäure kommt in den meisten pflanzlichen Ölen vor.

Im Gegensatz zu Eiweiß und Kohlenhydraten sind die mit dem Futter aufgenommenen Fette wegen ihrer völligen Unlöslichkeit in Wasser durch Enzyme viel schwerer angreifbar. Zur Verbesserung der Wirkungsbedingungen für die Enzyme wird im Dünndarm die hohe Oberflächenspannung an den Grenzflächen von Fett gegen Wasser herabgesetzt; die größeren Fetttropfen geraten durch die Gallensäuren in einen feineren Verteilungszustand.

Darm- und Pankreaslipasen bewirken eine Verseifung der Fette. Glyzerin und Fettsäuren werden von der Darmschleimhaut resorbiert und dort wieder zu Triglyzeriden aufgebaut. Ein großer Teil des entstandenen Fettes wird über die Lymph- und Blutwege zu den verschiedenen Fettdepots des Organismus befördert und als Depotfett gespeichert. Auch zum Aufbau der Phosphatide wird Fett benötigt und der Rest erfährt einen Abbau im Stoffwechsel.

Eine gute Verdauung der Fette kann nur in Verbindung mit der gleichzeitigen Gabe von genügend Kohlenhydraten stattfinden. Der Kalorien- oder Verbrennungswert der Fette ist fast doppelt so groß wie der von Eiweiß und Kohlenhydraten.

Hunde in der Ausbildung und im Wachstum begriffene junge Hunde kann man nicht fettarm oder gar fettlos ernähren. Je mehr ein Hund leistet, um so höher ist sein Bedarf an Fett. Bei großer Kälte vermögen Fette die Körpertemperatur konstant zu halten, wozu Fettdepots in der Unterhaut beitragen.

Fettmangel macht sich zuerst in Erkrankungen der Haut und des Haarkleides bemerkbar.

Der Hund kann alle gebräuchlichen Fette gut verwerten; mit über 90% weist ihre Verdaulichkeit einen hohen Wert auf.

Die Angaben über das täglich benötigte Fettminimum des Hundes sind sehr unterschiedlich und schwanken zwischen 0,5 g bis 6 g pro kg Körpergewicht. Eine ausreichende Linolsäureversorgung ist bei 0,5 bis 1% der Futter-Trockensubstanz gegeben, während der Bedarf an essentiellen Fettsäuren mit 2% angesetzt wird.

Vorwiegend pflanzliches Fett (Zerealien) und die Milch sind Lieferant der essentiellen Fettsäure, während Muskelfleisch, die inneren Organe und Rindermagen – also tierisches Fett – hauptsächlich gesättigte Fettsäuren enthalten.

Wenn neben Fleisch keine Milch an den Hund verfüttert wird, kann die Zugabe von Becel-Margarine, die 60% mehrfach ungesättigte Fettsäuren enthält, einem Mangel entgegenwirken. Hundes mit allen ihren Folgen; es verhindert auch die Aufnahme von anderem Zu viel Fett in der Nahrung bewirkt nicht nur eine Fettleibigkeit des Futter, was beim jungen Hund zu schwerwiegenden Wachstumsstörungen führen kann.

Kohlenhydrate

Kohlenhydrate besitzen eine große Bedeutung für den Energiestoffwechsel des Organismus. Wenn von Hochleistungssportlern vermehrt Energie abverlangt wird, deckt man diese mit zusätzlichen Zuckergaben ab. Dabei handelt es sich um gezielte Kohlenhydratzufuhr, denn zu den Kohlenhydraten gehören die verschiedenen Zuckerarten. Am bekanntesten als Energiespender sind der Traubenzucker (Glukose), Fruchtzucker (Fruktose), Rohrzucker (Saccharose) und der Milchzucker (Laktose). Hinzu kommen die Verbindungen der Monosaccharide, die als sogenannte einfache Zucker gelten sowie nahestehende Derivate wie Disaccharide und Polysaccharide, die während des Kohlenhydratstoffwechsels im Darm durch spezifische Enzyme (Amylasen, Disaccharidasen) in Monosaccharide gespalten und in die Blutbahn abgegeben werden; in der Leber erfolgt zum Teil ein Aufbau zu Glykogen, das sich aus einer großen Zahl von Glucosen zusammensetzt. Glykogen ist die Speicherform im tierischen Organismus, im pflanzlichen ist es die Stärke.

Ein konstanter Glukosespiegel im Blut ist für die energieverbrauchende Zellfunktion lebensnotwendig, besonders für Zellen mit hohem Energieverbrauch oder schlechter Sauerstoffversorgung. Glukose ist das wichtigste Monosaccharid des Kohlenhydratstoffwechsels. Es wird auch als Brennstoff des Lebens bezeichnet.

Zellulose (Grundsubstanz der Pflanzen) kann der Hund nicht verwerten; sie ist jedoch für eine geregelte Verdauung wichtig. Als Ballaststoff läßt sie sich zur Sättigung überfütterter Hunde verwenden. Die Angaben, wie viele Kohlenhydrate der Hund mit dem Futter erhalten soll, schwanken zwischen 5 und 12 g pro kg Körpergewicht je nach Rasse beziehungsweise Größe sowie Art und Menge des zusätzlich verabreichten Futters. In Vollnahrung sollte der Anteil an Kohlenhydraten nicht mehr als 60 % betragen.

Da der Organismus des Hundes imstande ist, aus Eiweißen Fette und Kohlenhydrate zu bilden, besteht kein eigentlicher Bedarf an Kohlenhydraten. Da ihre Verfütterung aber eine relativ preiswerte Energiequelle darstellt, ist ihr Anteil in der Hundeernährung verständlich und auch unbestritten.

Der Hauptanteil an Kohlenhydraten im Hundefutter ist in Haferflocken und Reis enthalten. Andere Zerealien wie Weizen, Mais, Hirse und Sojabohnen, die ebenfalls einen hohen Kohlenhydratanteil aufweisen, finden meist beim Fertigfutter Verwendung. Zerealien kann der Hund nur aufgeschlossen verwerten, das heißt, sie müssen einer Hitzebehandlung (Kochen oder Backen) unterzogen werden, was bei Fertigfutter ohnehin üblich ist.

Auch die Größe der Stärkekörner spielt in der Verwertbarkeit der Kohlenhydrate eine Rolle. Kartoffelstärke läßt sich mit ihrer Stärkegröße sehr schlecht aufschließen, weshalb Kartoffeln im Hundefutter nicht verwendet werden.

Der Hund verdaut aufgeschlossene Kohlenhydrate in der Regel gut; erwachsenen Hunden steht jedoch ein Ferment zur Verwertung der Laktose

Die Abbildung zeigt in der Kurve nochmals den Energie- und Futterbedarf pro kg Körpergewicht. —— Energiebedarf (kcal), ··· Futterbedarf in g, gedeckt durch ein Futtergemisch mit 30% Trockensubstanz in 1210 kcal pro kg, --- Futterbedarf in g, gedeckt durch ein Futtergemisch mit 90% Trockensubstanz und 3960 kcal pro kg (WAGNER-GEBAUER).

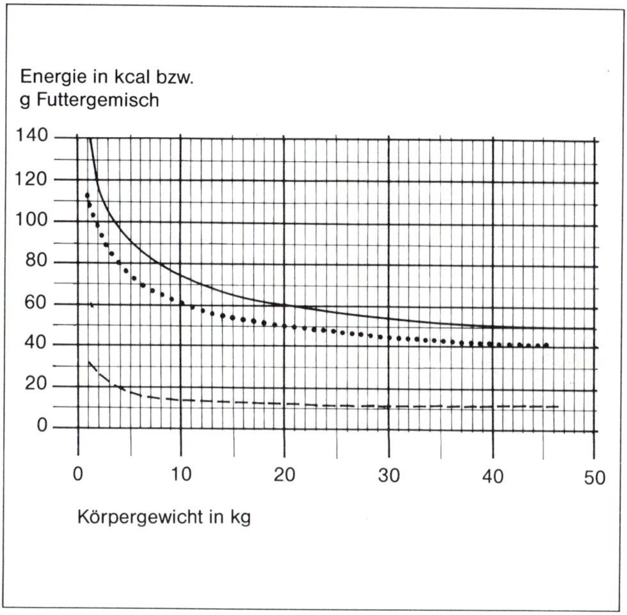

Geschätzter Energiebedarf des Hundes unter verschiedenen physiologischen Bedingungen (kcal pro kg Körpergewicht) (WAGNER-GEBAUER).

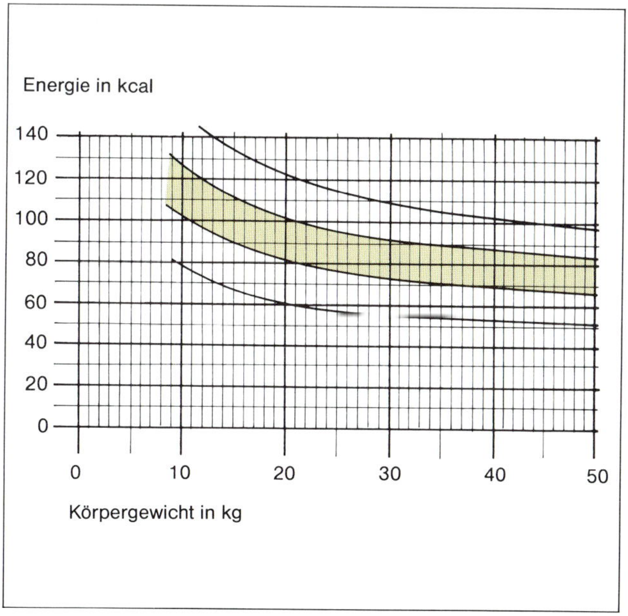

Rechts oben:
Kleines Samojeden-Jungtier.

Rechts unten:
11 Wochen alter Chihuahua

nicht zur Verfügung. Laktose hält bei diesen Hunden Wasser im Verdauungstrakt zurück, was bei einem Milchzuckergehalt im Futter von über 5% zu Durchfällen führt, weshalb bereits an anderer Stelle die Verabreichung von Nebenprodukten der Milch (Quark) empfohlen wurde.

Der international festgelegte Energiegehalt der zuvor abgehandelten drei Nährstoffe beträgt für:

1 g Protein (Eiweiß)	17,2 kJ (4,1 kcal),
1 g Fett	38,9 kJ (9,3 kcal),
1 g Kohlenhydrat	17,2 kJ (4,1 kcal).

Tab. 1: Energiebedarf von Hunden (nach ARNOLD und ELVEHJEM)

Körpergewicht in kg	kcal pro kg Körpergewicht	Tägliche Futtermenge in g (Trockenfutter) *)
1	141	35
2	117	58
3	105	79
4	97	97
5	91	114
6	87	130
7	84	146
8	81	161
9	78	175
10	75	189
20	62	313
30	56	423
40	52	523
50	49	613

*) Der Kaloriengehalt des Futters ist mit 3964 pro kg angenommen.

Der Kalorienbedarf eines normal oder nicht sonderlich beanspruchten Hundes beträgt bei einem Gewicht von 30 kg 1680 Kalorien pro Tag. Bei größeren Leistungen verbraucht er fast die doppelte Kalorienmenge. Zu bedenken ist aber auch, daß innerhalb einer Rasse individuelle Unterschiede bezüglich der Ausschöpfung aller Nähr- und Wirkstoffe auftreten können; hier muß der Hundehalter durch regelmäßige Gewichtskontrollen die optimale Nahrungszufuhr für seinen Hund ermitteln.

Es fällt auf, daß einer kleiner Hund beziehungsweise ein Junghund im Verhältnis zu seinem Körpergewicht wesentlich mehr Futter benötigt wie ein großer beziehungsweise ausgewachsener Hund. In Extremfällen frißt der kleine Hund sogar über doppelt so viel wie der große Hund. Sehr frühe diesbezügliche Erkenntnisse besagen: Je kleiner ein Hund, desto größer seine Körperoberfläche und desto größer die Wärmeabgabe. In nüchternem Zustand bei Körperruhe beträgt diese 100–120 gcal je qcm Körperoberfläche. Da die Körperoberfläche bei einem Hund von 3 kg 2400 qcm, bei einem von 18 kg 7600 qcm und bei einem solchen von 31 kg 10000 qcm beträgt, wird der höhere Energieverbrauch kleiner Hunde verständlich. Demnach verringert sich das Verhältnis von Körpergewicht zur Körperoberfläche eines 3 kg schweren Hundes von 1:800 auf 1:422 bei einem 18 kg schweren Hund beziehungsweise auf 1:322 bei einem Hund von 31 kg Gewicht.

Tab. 2: Rohnährstoffgehalt und errechnete Bruttoenergie (in kcal/100 g) der für die Ernährung des Hundes in Frage kommenden Nahrungs- und Futtermittel (MANGOLD)

Futtermittel	Eiweiß %	Fett %	Kohlenhydrate %	Asche	kcal
Blut, frisches	18,2	0,18	0,1	0,85	77
Blutmehl	87,9	0,4	2,9	4,2	376
Bohnen	24,3	1,6	49,0	3,2	315
Ei (Hühner-)	14,1	10,9	0,7	1,1	162
Erbsen	22,8	1,8	52,4	2,8	325
Fette, pflanzliche Öle	–	100,0	–	–	930
Fischfuttermehl, fettarm	58,0	2,0	–	32,6	256
Fleisch(futter)mehl	72,3	10,0	0,3	3,8	391
Haferflocken	12,5	6,7	67,8	2,0	392
Hefe (Trocken-)	52,5	3,5	24,0	7,0	346
Herz	18,2	10,0	–	0,9	164
Hundekuchen verschiedener Art	13–22	2,5–5,2	34–66	2,5–26	216–410
Kartoffeln	2,1	0,1	21,0	1,1	96
Kartoffelflocken	7,2	0,1	78,0	3,9	350
Leber	20,0	3,6	3,3	1,5	129
Lunge	15,5	2,5	–	1,1	85
Maismehl	11,0	4,3	69,3	0,76	369
Kuhmilch	3,4	3,6	4,8	0,8	67
Milz	19,8	2,5	–	–	104
Mohrrüben	1,0	0,2	9,4	1,0	44
Niere	18,5	8,0	–	1,2	150
Pferdefleisch, mager	23,3	0,5	–	1,0	100
Quark	24,8	7,3	3,5	4,07	184
Reis (Bruch-)	8,1	1,2	75,9	0,8	356
Rindfleisch, mager	20,5	1,8	–	1,2	101
Roggenbrot	6,0	0,8	54,0	1,2	253
Roggenmehl (75 %)	6,9	1,1	76,3	0,85	351
Schellfisch	17,1	0,3	–	3,3	73
Schweinefleisch, mager	19,9	6,8	–	1,1	145
Tierkörpermehl	54,1	12,2	2,0	25,0	344
Trockenfleisch	73,4	12,1	–	4,3	404
Walfischmehl	85,0	1,5	–	4,3	363
Weizenbrot	8,4	0,9	49,0	1,3	244
Weizenkeime	36,3	10,7	34,9	5,5	391
Weizenmehl (73 %)	11,8	1,5	71,5	0,5	355
Wurst (Blut-)	11,8	11,5	25,0	1,69	258

Vitamine

Allen heute bekannten Vitaminen ist eines gemeinsam: Sie beeinflussen das Wachstum des jungen Organismus. Deshalb ist gerade für den jungen Hund die richtige Dosierung lebenswichtiger Vitamine im Futter für ein gutes Gedeihen unabdingbar. Vitaminmangelerscheinungen treten beim im Wachstum befindlichen Hund weitaus häufiger auf als bei dem erwachsenen Hund.

Eine Tabelle (S. 78) zeigt den Vitaminbedarf sowohl für den wachsenden als auch für den erwachsenen Hund auf. Die Angaben berücksichtigen dabei durchschnittliche Lebensbedingungen. Der Bedarf erhöht sich beim Erbringen von Leistungen und richtet sich natürlich nach dem Alter des Hundes und der Zusammensetzung der Nahrung. Fehlt ein Vitamin gänzlich, treten die Erscheinungen einer Avitaminose auf; ein Zuviel hingegen schlägt sich in sogenannten Hypervitaminosen nieder.

Vitamine als Bausteine sind nicht direkt am Aufbau der Zellen beteiligt; sie müssen dem Körper jedoch mit der Nahrung ständig zugeführt werden, um die Funktion der Zellen zu sichern. Vitamine finden sich entweder in der Nahrung als fertige Form, oder sie gelangen als Vorstufe in den Körper, wo dann der Organismus die wirksamen Vitamine bildet.

Man unterscheidet Vitamine in zwei Gruppen: die fettlöslichen und die wasserlöslichen. Zu ersteren gehören die Vitamine A, D, E und K, wasserlöslich ist die Gruppe der B-Vitamine.

Vitaminmangelerscheinungen können sich auf vielerlei Art bemerkbar machen. Im allgemeinen ist eine Stoffwechseleinschränkung die Folge; beim jungen Hund tritt eine Wachstumshemmung ein und die Infektionsabwehr ist herabgesetzt. Erfolgt bei den ersten Krankheitszeichen eine entsprechende Vitamingabe, tritt meistens eine rasche Besserung ein. Sind die Mangelerscheinungen aber bereits so weit fortgeschritten, daß etwa eine Veränderung des Knochenbaues daraus resultiert (Rachitis als Folge von Vitamin D-Mangel), bleiben trotz einsetzender Behandlung und Futterumstellung immer mehr oder minder große Schäden zurück. Hier kann dann lediglich eine Besserung des Zustandsbildes erreicht werden. Die Vitamine werden mit Großbuchstaben bezeichnet, was noch aus den Anfangszeiten der Vitaminforschung herrührt; damals gab man dem jeweils neu entdeckten Stoff den Buchstaben in der Reihenfolge des Alphabets.

Nachfolgend soll nur auf die für den Hund wichtigsten Vitamine näher eingegangen werden.

Vitamin A

Anwendung: bei der Aufzucht von Jungtieren, bei Hauterkrankungen, bei Augen- und Darmkrankheiten.

Vorkommen: Als Vorstufe in Form des Karotins in Möhren, Mais, Tomaten und Blattgemüse. Der Körper wandelt es zu Vitamin A um; Speicherorgan ist die Leber. Besonders vitaminreich sind Fisch, Milch, Eidotter und Dorschlebertran.

Wirkung: Wachstumsfördernd, betei-

ligt an den Sehvorgängen, begünstigt die Bildung der Samenzellen.
Mangelerscheinungen: Schäden der Schleimhäute, was zu Darminfektionen führen kann, Augenerkrankungen, trockene und rissige Haut.

Vitamin D
Anwendung: bei Jungtieren als Vorbeugung gegen Rachitis; für Hündinnen während der Trächtigkeit und der Säugeperiode.
Vorkommen: als Ergosterin in allen grünen Pflanzen, in Hefe und Pilzen. Durch Bestrahlung mit Sonnenlicht oder Höhensonne (ultraviolettes Licht) entsteht aus dieser Vorstufe Vitamin D. Besonders stark wirksam ist das in Leber, Milch, Eidotter, Butter und Lebertran enthaltene Vitamin D.
Wirkung: fördert Mineralstoffwechsel, unentbehrlich für den Knochenaufbau.
Mangelerscheinungen: in Form von Rachitis bei Jungtieren auftretend.

Vitamin E
Anwendung: bei Muskelschwäche, Stoffwechselstörungen, Hauterkrankungen, Fortpflanzungsstörungen.
Vorkommen: Keimanlagen der Körnerfrüchte und den daraus gewonnenen Ölen, Kokos- und Erdnußöl, Grünpflanzen.
Wirkung: fördert Stoffwechsel und Fortpflanzung, Milchbildung, reguliert die Funktion innerer Drüsen.
Mangelerscheinungen: beim Hund selten. Kann ansonsten zu gestörter Entwicklung bei Jungtieren führen.

Vitamin K
Anwendung: als antihämorrhagisches Vitamin.
Vorkommen: in Spinat, Blumenkohl und Fischmehl.
Wirkung: fördert die Bildung verschiedener Gerinnungsfaktoren in der Leber und ist damit unentbehrlich für die Blutgerinnung.
Mangelerscheinungen: Erhöhte Blutungsneigung. Eine solche Erkrankung tritt normalerweise sehr selten als Begleiterscheinung bestimmter Lebererkrankungen auf.

Vitamin C
Anwendung: bei Darmstörungen, Infektionskrankheiten, während der Trächtigkeit der Hündin, vorbeugend bei Jungtieren.
Vorkommen: Hagebutten, Petersilie, Rosenkohl, Kartoffeln, Spinat. Vitamin C kann durch falsche Lagerung, Kochen und langes Wässern zerstört werden.
Wirkung: Steigerung der Abwehrkräfte, fördert den Stoffwechsel, Drüsentätigkeit und Blutgerinnung.
Mangelerscheinungen: treten beim Hund normalerweise nicht auf; er ist in der Lage, Vitamin C selbst aufzubauen.

Vitamin B-Komplex
Wie schon die Bezeichnung aussagt, handelt es sich beim Vitamin B um einen ganzen Vitaminkomplex, der sich zusammenfügt aus: Vitamin B_1 (Thiamin), B_2 (Riboflavin), B_6 (Pyridoxin), B_{12} (Cobalamin), Niacin (Nikotinsäureamid), Pantothensäure, Biotin (früher als Vitamin H bezeichnet), Folsäure und Cholin.
B_1: Thiamin verändert sich im Körper und wird dann in stoffwechselwirksame Verbindungen eingebaut und ist

besonders für den Kohlenhydratstoffwechsel wichtig.
Vorkommen: Getreide, Gemüse, Früchte, Nüsse, Hefe, Leber und Niere, Naturreis (es fehlt hingegen völlig in geschältem oder poliertem Reis), Milch, Eier.
Mangelerscheinungen: bei jungen Hunden hauptsächlich Anschwellungen der Extremitäten; bei älteren Hunden vordergründig nervöse Störungen (Krämpfe, Lähmungen).
B_2: Riboflavin greift hauptsächlich in den Kohlenhydrat-Stoffwechsel ein; es ist aber auch wichtig für den Fett- und Eiweißstoffwechsel, die Zellatmung, den Sehvorgang, Wachstum, Funktion von Haut und Schleimhäuten.
Vorkommen: hochkonzentriert in Hefe, Nieren, Fischmehl.
Mangelerscheinungen: Wachstumsverzögerung, schlechte Futterverwertung, Schleimhautrisse im Mundwinkelbereich.
B_6: Wichtig im Eiweißstoffwechsel sowie Mineral- und Fettstoffwechsel (Wachstum, Blutbildung, Nervensystem und Haut).
Vorkommen: Hefe, Getreide, innere Organe.
Mangelerscheinungen: Blutarmut, Störungen im Zentralnervensystem, Wachstumsstörungen, Hautveränderungen, zuweilen Krämpfe.
B_{12}: greift in den Eiweißstoffwechsel ein.
Vorkommen: Leber, Milch, Fischmehl.
Mangelerscheinungen: führt zusammen mit anderen Wirkstoffen zu Anämie und Wachstumsstörungen.
Niacin: beeinflußt den Zellstoffwechsel.
Vorkommen: reichlich in Hefe, Getreide, Leber und Nieren.
Mangelerscheinungen: werden vorwiegend Maisprodukte verfüttert, tritt die sogenannte Schwarzzungenkrankheit (black tongue) auf. Ihre wesentlichen Symptome sind Nekrosen der Zunge und der Mundschleimhaut sowie blutige Durchfälle.
Pantothensäure: wichtige Funktion im Stoffwechsel der Kohlenhydrate und Fette; bedeutsam für die Haarqualität, Funktion von Haut, Schleimhäuten, Leber und Nebennierenrinde sowie für Infektionsabwehr und die Bildung von Blutfarbstoff.
Vorkommen: besonders in Hefe und Leber.
Mangelerscheinungen: Wachstums- und Hautfunktionsstörungen, verzögerte Wundheilung, schlechtes Fell, Lebererkrankungen, Rückenmarkschäden.
Biotin: greift allgemein in den Stoffwechsel ein.
Vorkommen: vor allem in Hefe, Leber und Niere.
Mangelerscheinungen: Dermatitis, Haarausfall, Hautveränderungen, selten Störungen des Zentralnervensystems.
Folsäure: spielt sowohl beim Nukleinsäure-Stoffwechsel als auch zusammen mit Vitamin B_{12} bei der Blutbildung eine wichtige Rolle.
Vorkommen: besonders in Hefe und Leber.
Mangelerscheinungen: Wachstumsstörung, Anämie.
Cholin: für den Fettstoffwechsel von Bedeutung.

Vorkommen: hauptsächlich in Fischmehl, Getreide und Molke.
Mangelerscheinungen: Leberverfettung, Gelenkmißbildungen.

Bei den nachfolgenden Tabellen des Gehalts an verschiedenen Vitaminen in der Nahrung fällt zusätzlich Karotin in der Hundefütterung auf: 0,5 bis 1,5 mg Karotin entsprechen 830 bis 2000 I.E. (Internationale Einheiten) Vitamin A. Die Ergebnisse verschiedener Versuche haben gezeigt, daß in der Leber des Hundes Karotin in Vitamin A umgewandelt werden kann, eine Eigenschaft, die der Hund sicher erst im Verlauf seiner langen Domestikationszeit entwickelt hat.

Tab. 3: Gehalt an Vitamin A in mg pro 100 g Nahrungsmittel

Produkt	Vit. A in mg pro 100 g	Produkt	Vit. A in mg pro 100 g
Butter (Sommer)	20	Leber (Sommer)	40
Butter (Winter)	2	Leber (Winter)	7–12
Eigelb	4–20	Lebertran	4–200
Fisch	0,15–0,30	Margarine	0
Käse	1,6–3,2	Milch (Sommer)	0,8
		Milch (Winter)	0,2

Gehalt an Karotin in mg pro 100 g zur Hundefütterung geeigneter Nahrungsmittel

Produkt	mg Karotin pro 100 g Nahrungsmittel	Produkt	mg Karotin pro 100 g Nahrungsmittel
Banane	0,25–0,3	Orange	0,3–0,4
Blumenkohl	0,04	Reis	0
Endivie	0,9	Rotkohl	0,01
Erbsen	0,05–0,14	Sojabohne	0,45–1,0
Federkohl	6,9	Spinat	3,8–5,6
Kartoffeln	0,03–0,05	Tomate	0,3
Mais	0,5–1,0	Vollweizenmehl	0,01
Mohrrüben	2,0–9,6	Wirsing	1,0–5,5

Tab. 4: Gehalt an Vitamin D in I.E. pro 100 g Nahrungsmittel

Produkt	I.E. Vit. D pro 100 g	Produkt	I.E. Vit. D pro 100 g
Butter (Sommer)	0,4–1,0	Milch (Sommer)	0,024–0,038
Butter (Winter)	0,1–0,3	Milch (Winter)	0,003–0,017
Eigelb	1,4–5,0	Rindsleber	0,4–0,5
Lebertran (Heilbutt)	1000–4000	Schweineleber	0,4–0,5
Lebertran (Schellfisch)	50–100		

Tab. 5: Gehalt an Vitamin E in mg pro 100 g Nahrungsmittel

Produkt	Vit. E in mg pro 100 g	Produkt	Vit. E in mg pro 100 g
Bierhefe (trocken)	Spuren	Rindfleisch	3,6
Butter	wenig	Rindsleber	1,6
Eidotter	3,0	Rindsniere	1,6
Grünkohl/Wirsing	6,0	Salat	6,0
Hafer	wenig	Schweinefett	2,8
Hühnerei	1,0	Vollreis	wenig
Kokosöl	2,7	Weizenkeimöl	500
Mais	wenig	Weizenmehl	wenig
Milch	wenig		

Tab. 6: Gehalt an Vitamin C in mg pro 100 g Nahrungsmittel

Produkt	mg Ascorbinsäure pro 100 g	Produkt	mg Ascorbinsäure pro 100 g
Bananen	11,7	Ochsenmilz	20
Federkohl	14,2	Orangen	35–60
Grünkohl	80	Schweinsherz	6
Grüne Erbsen	20–40	Schweinsleber	22
Lauch	16,4	Schweinslunge	20
Milch	1,5–2,5	Schweinsmagen	5
Mohrrüben	5,8	Schweinsmilz	40
Neue Kartoffeln	24,5	Schweinsniere	10
Ochsenherz	4,6	Spinat	1,3
Ochsenleber	31	Tomaten	13
Ochsenmagen	5	Zitronen	25–56

Tab. 7: Gehalt an Vitamin B_1 in μg pro 100 g Nahrungsmittel

Produkt	Vit. B_1 in 100 g	Produkt	Vit. B_1 in 100 g
Apfel	20–40	Leber (von Rind, Kalb, Schwein)	270–500
Bäckerhefe	600–2000	Magermilchpulver	300–1500
Bierhefe	1000–15000	Milchpulver	250
Eidotter	300	Mohrrüben	35
Eiweiß	Spuren	Naturreis	220–250
Entenei	400	Orange	60
Fisch	60	Polierter Reis	Spuren
Frische Erbsen	175	Rindfleisch	45–50
Futterrüben	125	Roggen-Vollkornbrot	210
Getrocknete Bohnen	220	Roggen-Vollkornmehl	300
Getrocknete Erbsen	350	Salat	40–80
Haferflocken	300	Schweinefleisch	700
Hühnerei	100	Sojabohnen	900
Käse	30–55	Spinat	60–125
Kartoffeln gekocht	55–80	Tomaten	60–70
Kartoffeln roh	80–120	Vollkornbrot	310
Kalbfleisch	75–105	Vollweizenmehl	400–600
Kondensierte Milch	150	Weißbrot	50
Kuhmilch	24–70	Weiß- und Rotkohl	80

Tab. 8: Gehalt an Vitamin B_2 in μg pro 100 g Nahrungsmittel

Produkt	Vit. B_2 in 100 g	Produkt	Vit. B_2 in 100 g
Bäckerhefe	2500–3800	Rindfleisch	150–300
Bierhefe	1800–15000	Rindsleber	1000–2500
Fisch	160–180	Roggen-Vollkornmehl	150
Hafergrütze	240	Schweinefleisch	200–500
Hühnerei	250–275	Schweinsleber	3500–3700
Kalbfleisch	300–375	Spinat	160–340
Kalbsleber	1700–2500	Tomaten	195–235
Kartoffeln	40–100	Trockenhefe	1800–3000
Kuhmilch	100–275	Vollweizenmehl	125
Maismehl	300	Weißkohl	60–200
Mohrrüben	100–125	Weißmehl	40
Orange	40		

Tab. 9: Gehalt an Vitamin B_6 in μg pro 100 g Nahrungsmittel

Produkt	Vit. B_6 in 100 g	Produkt	Vit. B_6 in 100 g
Apfel	140	Milch	105–300
Haferflocken	750–1000	Naturreis	300
Hühnerei	23	Ochsenfleisch	750–1000
Kartoffeln	180	Ochsenleber	2475–3300
Mais	2000	Spinat	135
Meerfisch	1500–2000	Trockenhefe	3000–7500
		Vollweizenmehl	525–700

Tab. 10: Gehalt an Nicotinsäure (Niacin) in mg pro 100 g Nahrungsmittel

Produkt	mg Nicotinsäure pro 100 g	Produkt	mg Nicotinsäure pro 100 g
Bäckerhefe	11–12	Roggenkleie	17,0
Erbsen	1,0	Schweinefleisch	3,3
Fisch	1,7	Schweinsleber	11,8–30
Kartoffeln	1,0	Schweinsmilz	4,0
Kuhmilch	0,4	Schweinsniere	6,8
Magermilchpulver	1,8	Sojabohne	4,8
Reis	2,4	Trockenhefe	30–100
Rindfleisch	4,9	Vollweizenmehl	5,3
Rindsleber	16–23	Weizenkleie	5,0

Tab. 11: Gehalt an Pantothensäure in μg pro g Nahrungsmittel

Produkt	μg Pantothensäure pro g	Produkt	μg Pantothensäure pro g
Buttermilch	35–36	Milch, entrahmt	21–43
Eidotter	50–100	Milch, vollfett	1,3–4,2
Erbsen	20–22	Rindsniere	40
Ganzes Ei	4–48	Sojamehl	8–22
Grünkohl	23–36	Tomaten	1
Leber	25–60	Trockenhefe	140–350
		Weizen	13

Tab. 12: Gehalt an Biotin in H-Einheiten pro 100 g Nahrungsmittel			
Produkt	Biotin in H-Einheiten pro 100 g	Produkt	Biotin in H-Einheiten pro 100 g
Bananen	120	Reiskleie	1200
Bierhefe, getrocknete	200–250	Rindfleisch	0
Kartoffeln	160–250	Rindsleber	1000
Kuhmilch	25–100	Rindsniere	1000
Magermilchpulver	500	Vollweizenmehl	0
Öle und Fette	0		

Mineralstoffe und Spurenelemente

Ebenso wichtig wie das ausgewogene Vitamin-Verhältnis in der Ernährung des Hundes sind Mineralstoffe und Spurenelemente. Mit dieser Thematik hat man sich noch nicht sehr lange beschäftigt; es ist jedoch heute bekannt, daß ein mit mineralsalzloser Kost ernährter Hund binnen kurzer Zeit stirbt.

Mineralstoffe wirken indirekt auf die energetischen Vorgänge. Außerdem bilden sie lebenswichtige Bestandteile der Zellen und sind Bausteine für den Aufbau von Knochen, Knorpel und Gebiß. Auch für die Funktion der Muskulatur und der Nervenfasern ist das Vorhandensein bestimmter Mineralsalze unabdingbar.

Mineralstoffe werden in relativ großen Mengen benötigt, weshalb man sie auch als Mengenelemente bezeichnet. Im Vergleich dazu kommen die Spurenelemente eben nur als Spuren im Körper vor.

Ein Mineralstoffmangel tritt in Form von Nervenleiden verbunden mit Krämpfen und Zuckungen zutage sowie letztlich durch Schädigungen am Knochengerüst; das Skelett des Hundes enthält 60–80 % aller im Organismus vorkommenden Mineralstoffe.

Die Stoffwechselvorgänge auch des Hundes beruhen hauptsächlich auf osmotischen Vorgängen; die Fähigkeit, den osmotischen Druck der Zell- und Körperflüssigkeit zu regulieren, ist nur mittels der Mineralstoffe gegeben. Ausschlaggebend sind sie auch für den Stoffaustausch zwischen Zellen und Flüssigkeiten wie Blutserum, Lymphe und Interzellularflüssigkeit.

Nach der vorwiegend im Dünndarm erfolgten Mineralstoffresorption und der anschließend in den Körperkreislauf aufgenommenen Mineralstoffe werden diese beim jungen Hund (wie auch bei einer tragenden Hündin) vornehmlich gespeichert, aber auch zur Erzeugung von Sekreten herangezogen.

Die wichtigsten Mineralstoffe und Spurenelemente sind: Kalium, Natrium, Kalzium, Magnesium, Phosphor, Chlor, Eisen, Jod, Kupfer, Selen, Mangan und Zink. Die Bedeutung von Kalzium, Phosphor und Natrium (als Kochsalz) war schon recht früh bekannt. Heute aber weiß man, daß darüber hinaus eine große Zahl anderer Substanzen ebenfalls nicht zu unterschätzenden physiologischen Einfluß im Körper ausübt. Allerdings kommen Kalzium- und Phosphorverbindungen in recht großen Mengen vor, und man konnte sie leicht nachweisen und bestimmen.

Neben der ausreichenden Zufuhr jedes einzelnen Stoffes ist für die beste Ausnützung der mit der Nahrung aufgenommenen Mineralstoffe auch das geeignete Mengenverhältnis von entscheidender Bedeutung. So ist beispielsweise für die Knochenbildung das richtige Kalzium-Phosphor-Verhältnis ausschlaggebend.

Anhand der nachfolgenden Tabellen zum einen des Kalk- und Phosphorgehaltes in verschiedenen Nahrungsmitteln und zum anderen des Bedarfs an Vitaminen, Mineralstoffen und Spurenelementen sowohl für den im Wachstum befindlichen als auch den ausgewachsenen Hund, lassen sich leicht geeignete Futterzusammenstellungen ableiten.

Kalk- oder Kalziumverbindungen:
Sie sind nicht nur für die Knochenbildung und -formung wichtig, sondern spielen auch beim Zellstoffwechsel und der Blutgerinnung eine große Rolle. Kalzium wird darüber hinaus für die Erhaltung der normalen Muskelerregbarkeit benötigt.

Milch, Milchprodukte und Fleisch sind natürliche Kalziumspender.

Phosphor:
Er findet sich im Organismus in verschiedenen Verbindungen. Als Bestandteil des Knochens zu fungieren, ist nicht die alleinige Aufgabe von Phosphaten; vielmehr sind sie auch an vielen Stoffwechselvorgängen beteiligt.

In Kombination mit Kalzium und Vitamin D schützt Phosphor vor Rachitis, da Vitamin D allein keinen aus-

Tab. 13: Kalk- und Phosphorgehalt einiger Nahrungsmittel

Nahrungsmittel	pro 100 g Nahrungsmittel Kalziumverbindung in g	pro 100 g getrocknete Nahrungsmittel Kalzium in g	pro 100 g Nahrungsmittel Phosphorverbindung in g	pro 100 g getrocknete Nahrungsmittel Phosphor in g
Eier	0,15	0,6	0,50	2,0
Fischmehl	6,07	6,79	3,28	3,67
Fleischmehl	0,26	0,29	0,3	0,34
Kartoffeln	0,02	0,08	0,07	0,26
Knochenmehl	22,4	–	10,05	–
Milch	0,12	1,0	0,09	0,73
Muttermilch (Hund)	0,65	3,0	0,51	2,5
Reismehl	0,08	0,09	1,03	1,18
Roggenmehl	0,04	0,04	0,37	0,43
Weizenmehl	0,04	0,04	0,35	0,4

Tab. 14: Bedarf an Vitaminen, Mineralstoffen und Spurenelementen pro kg Körpergewicht und Tag (SCHNEIDER)

	wachsender Hund		erwachsener Hund	
Vitamin A	220	I.E.	110	I.E.
Vitamin D	22	I.E.	11	I.E.
Vitamin E	2,2	I.E.	1,1	I.E.
Vitamin K_1	0,066	mg	0,033	mg
Vitamin B_1	0,044	mg	0,022	mg
Vitamin B_2	0,096	mg	0,048	mg
Vitamin B_6	0,044	mg	0,022	mg
Vitamin B_{12}	0,001	mg	0,0005	mg
Niacin	0,5	mg	0,025	mg
Pantothensäure	0,44	mg	0,22	mg
Biotin	0,0044	mg	0,0022	mg
Cholin	52	mg	26	mg
Folsäure	0,008	mg	0,004	mg
Kalzium	260	mg	120	mg
Phosphor	210	mg	100	mg
Magnesium	17,6	mg	8,8	mg
Kalium	220	mg	220	mg
Natriumchlorid	530	mg	330	mg
Eisen	2,6	mg	1,3	mg
Kupfer	0,32	mg	0,16	mg
Selen	0,0048	mg	0,0024	mg
Mangan	0,22	mg	0,11	mg
Zink	2,2	mg	1,1	mg
Jod	0,066	mg	0,033	mg

reichenden Schutz gewährt. Das Verhältnis von Kalzium zu Phosphor im Futter sollte sein: 1,2:1 bis 2:1. Ein falsches Mengenverhältnis oder auch, wenn eines der Elemente nur in geringsten Mengen in der Nahrung vorkommt, führt zu Fehlentwicklungen der Knochen.

Phosphatquellen sind in erster Linie in Milch, Milchprodukten und Fleisch enthalten.

In der Hundefütterung werden meist ausreichende Kalziumgaben berücksichtigt, was für die notwendigen Phosphorverbindungen leider nicht so selbstverständlich ist. Das richtige Kalzium-Phosphor-Verhältnis ist mit der Gabe von Knochenmehl gegeben; es enthält außerdem noch Mineralstoffe, welche in künstlichen Produkten fehlen. Knochenmehl hat zudem in der Regel einen stopfenden Effekt bei Durchfallerkrankungen; bei Darmentzündungen hingegen kann es Durchfall verursachen.

Magnesium:
Magnesium befindet sich zum größten Teil in den Knochen; es ist aber auch

wichtig für den Energiestoffwechsel sowie die Erregung und Erschlaffung der Muskeln.

Magnesium ist besonders in Milch und Fischmehl vorhanden.

Magnesiummangel äußert sich in Appetitlosigkeit, Gewichtsverlust und Muskelschwund. Beim jungen Hund erfolgt ein Wachstumsstillstand und eine erhöhte Kalziumablagerung im Skelett. Wieder sei auf die Gabe von Knochenmehl verwiesen, in dem die Magnesiumverbindungen in einem günstigen Kalzium-Phosphor-Verhältnis stehen.

Kalium:
Kalium ist besonders für den Muskel- und Nervenstoffwechsel von Bedeutung, aber auch für die Aufrechterhaltung des Wasserhaushaltes. Es ist unentbehrlicher Bestandteil jeder Zelle und steht in engster Wechselwirkung mit Natrium. Während der Muskel- und Nerventätigkeit wandert Kalium aus den Zellen aus und wird durch Natrium ersetzt. In der Erholungsphase findet eine umgekehrte Wanderung unter Energieverbrauch statt. Dieser Vorgang ist auch für den Herzmuskelstoffwechsel bedeutungsvoll. Darüber hinaus spielt Kalium eine Rolle beim Eiweißaufbau und bei der Kohlenhydratverwertung. Eine übermäßige Zufütterung von Kalium führt relativ schnell zu einer Natriumverarmung des Körpers, das heißt, bei großem Kaliumangebot in der Nahrung ist auch der Bedarf an Natriumverbindungen größer.

Krankheiten, die mit Erbrechen und Durchfall einhergehen, können binnen 24–28 Stunden zu einem Kalium- und Natriummangel führen. Ein Kaliummangel-Syndrom zeigt sich hauptsächlich in Muskelschwäche, Paresen sowie Tonus- und Reflexverminderung.

Kalium kommt in besonders hoher Konzentration in Zerealien vor.

Natrium und Chlor:
Obwohl jeder dieser Mineralstoffe für sich allein funktionsfähig ist, liegt doch die gemeinsame Aufgabe in der Regulierung der Lösungsverhältnisse im Blut und in den anderen Körperflüssigkeiten, womit es auch für die Nierentätigkeit benötigt wird. Natrium und Chlor werden in der Hauptsache in Form von Kochsalz (Natriumchlorid) aufgenommen; ohne Natriumchlorid ist die Aufrechterhaltung des Wasserhaushalts im Organismus unmöglich.

Der Kochsalzbedarf des Hundes wird in der Regel durch Fleisch- und Milchfütterung gedeckt. Kochsalz an sich ist für den Hund nicht schädlich, wenn ihm genügend Trinkwasser verabreicht wird. Bei einer geringen Überdosierung von Kochsalz kann das überflüssige Natriumchlorid durch eine Steigerung der Harnbildung ausgeschieden werden, was die Nierentätigkeit aber sehr stark beansprucht. Deshalb dürfen keine stark gesalzenen Reste aus der Küche auf dem Speiseplan des Hundes stehen.

Kochsalzmangel bewirkt eine Wasserarmut im Organismus, der sich unter anderem in einem Nachlassen der Hautelastizität zeigt. Als Folge von chronischem Kochsalzmangel treten Ermüdungserscheinungen und beim Junghund Wachstumsstörungen auf.

Der Samojede ist ein den Schlittenhunden angehörender nordischer Hund.

Eisen:
Als lebenswichtiger Bestandteil des Organismus übt Eisen zahlreiche Funktionen aus (wie zum Beispiel beim Sauerstofftransport); es ist im Hämoglobin enthalten ebenso im Myoglobin. Als Reserveeisen schlägt es sich in Form von Eisen-Eiweißverbindungen in der Leber, der Milz und im Knochenmark nieder.

Da cirka 67 % des im Körper vorhandenen Eisens normalerweise im Hämoglobin enthalten sind, tritt ein Eisenmangel in erster Linie in Form einer Eisenmangelanämie zutage, bei der die Hämoglobinbildung eben durch den Mangel an Eisen behindert ist. Eine Eisenmangelanämie macht sich erst nach dem Aufbrauchen des Reserveeisens bemerkbar und hat meist eine langsam ablaufende Entwicklung. Ein Eisenmangelzustand ohne Anämie ist dann vorausgegangen. Welpen verfügen bei der Geburt über einen großen Vorrat an Hämoglobin, so daß trotz des geringen Eisengehalts der Muttermilch keine Blutarmut auftritt.

Kupfer:
Es ist hauptsächlich zur Bildung des Hämoglobins in Verbindung mit Eisen notwendig; darüber hinaus ist es aber auch an anderen Stoffwechselvorgängen beteiligt. Bei Eisenmangelanämien und Infekten nimmt der Kupferserumgehalt zu.

Beim Hund führt Kupfermangel zu Anämie und zur Erkrankung der Knochen und der Haut.

Selen:
Das Spurenelement Selen ist in Knochen und Zähnen enthalten; es wirkt in Verbindung mit Vitamin E. Selen beeinflußt die Funktion der Muskulatur und es zeigt vor allem eine Leberschutzwirkung. Selenmangel manifestiert sich in Skelett- und Herzmuskelerkrankungen.

Mangan:
Für die Funktion der Muskulatur und die Ausbildung des Skeletts ist Mangan wichtig. Darüber hinaus steigert es die Verwertbarkeit von Vitamin B_1.

Mangan-Mangelkrankheiten entstehen in Form von Knochenwachstums- und Fortpflanzungsstörungen.

Zink:
Zink wirkt auf den Kalziumstoffwechsel ein und es hat einen beruhigenden Einfluß auf das Zentralnervensystem.

Ein Zinkmangel hat seinen Niederschlag hauptsächlich in Wachstumsverzögerungen und Hautkrankheiten.

Jod:
Der Bedarf an Jod ist zwar äußerst gering, als Bestandteil der Schilddrüsenhormone ist er jedoch als unbedingt notwendig einzustufen.

Deshalb führt ein Mangel an Jod zu einer Verminderung des Jodgehalts in der Schilddrüse beziehungsweise zu Störungen in der Bildung von Schilddrüsenhormonen. Aber auch Wachstumsstörungen, schlechtes Haarkleid und nachlassende Fortpflanzungsfähigkeit resultieren aus Jodmangel.

Allgemeine Fütterungshinweise

Hunde zählen zu den Carnivoren (Fleischfresser), wozu sie allein schon durch ihre Gebißform prädestiniert sind. Die Zähne sind zum Festhalten und Reißen der Beute, aber auch zum Zerkleinern großer Fleischstücke geschaffen. Das bedeutet aber nicht, daß der Hund ausschließlich von Fleisch leben sollte. Wie sich aus dem vorher Gesagten ergibt, benötigt der Hund zur Gesunderhaltung neben den Nährstoffen Eiweiß, Fett und Kohlenhydraten auch Vitamine, Mineralstoffe und Spurenelemente, die nicht durch reine Fleischfütterung verfügbar sind. Die wilden Vorfahren des domestizierten Hundes ernährten sich auch nicht nur von Fleisch. Die Beutetiere wurden in großen Stücken samt Magen und Eingeweiden – das Verzehren der Innereien geschah sogar zuerst – verschlungen, und der enthaltene Speisebrei – auch pflanzlicher Herkunft – deckte den notwendigen Bedarf an Nähr- und Aufbaustoffen ab.

Fleisch bleibt zwar wichtigster Bestandteil der Ernährung (bei kleinen und mittleren Rassen soll die Zusammensetzung ²⁄₃ Fleisch und Innereien, ¹⁄₃ Haferflocken oder Reis und bei großen Rassen aus Gründen der Kostenersparnis ¹⁄₃ Fleisch und ²⁄₃ Zerealien mit einem Zusatz von Kalziumkarbonat und etwas Kochsalz betragen) auch des über Jahrtausende domestizierten Hundes; eine ausschließliche Fleischfütterung führt jedoch zu Mangelerscheinungen, was allerdings immer noch zahlreiche Hundehalter negieren möchten. So wird vielfach angenommen, Fleisch ohne entsprechendes Zusatzfutter sei das Beste, was man seinem Vierbeiner bieten könne. Insbesondere der junge Hund benötigt für eine gute Entwicklung und seine Gesunderhaltung sowohl tierische als auch pflanzliche Futtermittel.

Reine Fleischkost enthält einen hohen Fettanteil, dessen Gehalt in der Trockensubstanz bei bis zu 55 % liegen kann. Da Fett einen doppelt so großen Brennwert wie Eiweiß und Kohlenhydrate aufweist, resultiert aus reiner Fleischfütterung sehr bald eine Fettsucht des Hundes mit all ihren negativen Erscheinungen. Auch der hohe Anteil an gesättigten Fettsäuren im Fleisch wirkt sich ungünstig aus. Reines Fleisch ist relativ arm an Kalzium; es zeichnet sich aber durch einen höheren Phosphorgehalt aus, was dann zur Verschiebung des Kalzium-Phosphorverhältnisses im Blut mit Skelettveränderungen führt.

Wird dem Hund genügend Leber gefüttert, kann der ziemlich geringe Gehalt an fettlöslichen Vitaminen kompensiert werden; mit der Zeit tritt jedoch ein Mangel an Vitaminen des B-Komplexes ein.

Daß der Hund gelegentlich Gras oder gar Kot und Aas frißt, weist auf ein gestörtes Säure-Basen-Gleichgewicht hin. Tierische Nahrungsmittel und beispielsweise Haferflocken fungieren in der Regel als Säurebildner, Milch, Gemüse und Früchte dagegen als Basenbildner. Die Ausscheidung der Säuren geschieht hauptsächlich über die Nieren, aber auch beim Ausatmen über die Lunge. Bei reiner Fleischfütterung überwiegen die Säurebildner und es kommt zu einem Säureüberschuß, der vom Organismus nicht mehr neutralisiert beziehungsweise abgebaut werden kann. Frißt der Hund Gras, sollte ihm unbedingt Gemüse und Milch im Futter angeboten werden. Als Fleisch mit Fettanteil eignet sich Muskelfleisch vom Rind (Suppenfleisch, Kopffleisch). Mageres Fleisch bietet sich in Kalbfleisch an; wegen der hohen Kosten kann jedoch auf preisgünstigeres Hühnerfleisch (Brust und Keule) zurückgegriffen werden. Die Innereien Herz, Leber, Niere, Milz, Pansen, Lunge und Gurgel sollten auf dem Speisezettel des Hundes nicht fehlen. Alle Milchprodukte (Quark, Molke, Käse) enthalten hochwertiges Eiweiß.

Als pflanzliche Kost verabreicht man Haferflocken, gekochten Reis, daneben Karotten, Leinsamen und Weckmehl.

Rohes Fleisch wird vom Hund gut verdaut; sein Magen-Darmkanal ist darauf ausgerichtet. Hitzebehandeltes Fleisch (gebrüht, gekocht, gebraten) kann er allerdings besser verwerten.

Leber, Lunge, Milz und Pferdefleisch wirken roh verfüttert meist abführend, und man tut gut daran, sie anzubraten oder zu kochen. Wegen der Infektionsgefahr mit der Aujeszkyschen Krankheit darf Schweinefleisch niemals roh verfüttert werden.

Leber besitzt einen hohen Bestandteil an Vitamin A und D und ist in Maßen in den Ernährungsplan aufzunehmen. Herz weist einen hohen Phosphorgehalt auf, daher darf es nicht zu oft verfüttert werden.

Wer Pansen bekommen kann, gibt diesen und wenn möglich, auch den Blättermagen seinem Hund ungeputzt, denn das aufgenommene Grün enthält noch wertvolle Vitamine und Spurenelemente. Natürlich ist eine solche Fütterung nicht ganz so appetitlich zuzubereiten. Ansonsten fehlen dem Pansen die essentiellen Aminosäuren, und die Zugabe von Milchprodukten ist empfehlenswert.

Da die meisten Futtermittel zu viel Phosphoranteile, aber zu wenig Kalzium enthalten, ist auch hier die Beifütterung von Milchprodukten oder Kalziumkarbonat (der junge Hund erhält täglich 0,5 g/kg Körpergewicht) dringend angeraten.

Bei der Verabreichung von Kuhmilch ist zu bedenken, daß diese ca. 17 % weniger Fett enthält als die Hundemilch. Das Fett muß zugesetzt werden. Die Kombination von $\frac{3}{4}$ Kuhmilch und $\frac{1}{4}$ Kondensmilch gleicht den Fettmangel gut aus.

Milchprodukte in Form von Quark, Käse und Molke decken den vermehrten Eiweißbedarf von arbeitenden (in der Ausbildung stehenden) und heranwachsenden Tieren.

Lunge (bereits gekocht gekauft) hat wenig Nährwert und dient allenfalls einem fettsüchtigen Hund als Magenfüller.

Hundehalter sind oft der Meinung, daß Salz dem Hund schadet; das Gegenteil aber ist der Fall: bei hohem Zerealienanteil im Futter ist eine Prise Salz sogar notwendig.

Die Beigabe von geriebenen Karotten oder gemahlenem Leinsamen mit einem hohen Gehalt an essentiellen Fettsäuren, ebenso wie die regelmäßige Verabreichung von Bierhefe oder Hefeflocken sollten in der Fütterung des jungen Hundes einen festen Platz einnehmen.

Süßigkeiten und scharf gewürzte Speisen oder Geräuchertes bekommt der Hund hingegen nie.

Das Futter wird dem Hund lau- bis körperwarm verabreicht. Zwar ist bekannt, daß die Eskimos ihren Hunden gefrorenes Fleisch und Fisch füttern, was diese Tiere natürlich gewohnt sind. Ein Hund in unseren Breiten verträgt eine solche Fütterung nicht. Wohl aber ist es möglich, Fisch in Form von Trokkenfisch in die Fütterung des Hundes zu integrieren.

Ein im Wachstum stehender Hund hat einen hohen Kalkbedarf. Die angebotene Kalkmenge soll 10% der Gesamtfuttermenge nicht unterschreiten. Kalktabletten für Kinder eignen sich für Hunde wenig, da sie zu wenig Kalziumphosphat-Anteile aufweisen. Das Verhältnis von Kalzium zu Phosphor in Futterkalk soll etwa 2,3 zu 1,0 Anteile betragen.

Die Wirkung von Vitamin D muß immer in Verbindung mit dem Kalzium-Phosphor-Verhältnis gesehen werden; das heißt, neben Vitamin D-Gaben ist eine ausreichende Kalziumzufuhr erforderlich. Bei einer Überdosierung wirkt Vitamin D schädlich. Es wäre falsch zu denken: viel hilft viel. Zu viel Vitamin D führt zur Entkalkung der Knochen.

Auch Lebertran und Vigantol bedürfen der strengen Dosierung, wenn die erwünschte Wirkung eintreten soll.

Das für die Knochenbildung richtige Kalzium-Phosphor-Verhältnis enthält Knochenmehl. Die Gabe von Knochen ist in der Hundefütterung – entgegen der landläufigen Meinung – nicht notwendig. Ein weicher Kalbsknochen schadet dem jungen Hund zwar nicht; harte Röhrenknochen von Geflügel hingegen können durch Knochenabsplitterungen zu schweren Darmverletzungen führen. Kotelettknochen vermögen sich in der Speiseröhre festzusetzen. Beim jungen Hund kann das Verabreichen von Knochen zudem zu Mißbildungen der noch weichen Zähne führen. Im übrigen ist der Nährwert von Knochen gar nicht so hoch, wie oft angenommen wird; sie sind darüber hinaus schwer verdaulich und haben eine stopfende Wirkung. Knochen sind allenfalls zur Gebißpflege geeignet, wozu aber auch ein Rinderhuf oder ein Stück trockenes Brot tauglich sind. Brot gelangt in geröstetem Zustand in die Hundefütterung, es sei denn, es handelt sich bereits um altbackenes Brot.

Manche Hunde lieben es, das Fleisch schon etwas ›anrüchig‹ zu verzehren. Die Ausdünstungen sind dann entsprechend und jeder Hundehalter muß für sich beziehungsweise seinen Hund entscheiden, in welchem Zustand das Fleisch verfüttert wird.

Haferflocken, Hundeflocken und Reis werden vor der Fütterung gekocht und zu dem Fleisch gemischt. Eier verfüttert man dem Hund hartgekocht und zerkleinert oder aber nur das rohe Eigelb ohne Eiweiß.

Manche Hunde lieben Rohkost – das heißt, Karotten in Stückchen geschnitten oder einen geschälten und ebenfalls in Stücke zerteilten rohen Apfel. Das sollte der Hund natürlich immer, wenn er mag, bekommen.

Hundekuchen, Hundebisquits bietet der Fachhandel in verschiedenen Größen und Formen reichlich an. Sie sind eine willkommene Ergänzung im Speiseplan des Hundes.

Der Besitzer eines jungen Hundes erkundigt sich beim Züchter, welches Futter dort gegeben wurde; eine plötzliche Umstellung kann zu Magen-Darm-Störungen führen. Die Ernährungsweise richtet sich natürlich in erster Linie nach den Möglichkeiten der Futterbeschaffung. Immer muß es sich aber um eine abwechslungsreiche, ausgewogene Kost handeln. Nur mit hochwertiger Nahrung bleibt der Hund gesund, und wird kräftig und widerstandsfähig. Die richtige Zusammensetzung der Mahlzeiten ist vergleichbar mit Bausteinen, die ein solides Fundament für ein ganzes Leben bildet. Was beim jungen Hund in der Ernährung versäumt wird, läßt sich später nie wieder gutmachen.

Fertigfutter

Bei der Ausgewogenheit der meisten auf dem Markt angebotenen Fertigfutter kann ein Hund ohne weiteres ausschließlich mit solchen Produkten ernährt werden, vorausgesetzt, es handelt sich um ein als Vollnahrung deklariertes Futter. Dann muß es alle für den Hund notwendigen Vitamine, Mineralstoffe und Spurenelemente enthalten, wobei insbesondere auch auf den Inhalt an Vitamin C zu achten ist, ebenso auf die volle Haltbarkeit und damit Wirksamkeit (Verfalldatum) der enthaltenen Vitamine. Die Haltbarkeit der Vitamine wird meistens bis 12 Monate nach der Herstellung garantiert.

Da Fertigfutter jederzeit leicht und sauber zu verabreichen ist, eignet es sich ausgezeichnet als Nahrung für den Hund während einer Reise. Schon aus diesem Grunde empfiehlt sich daher eine Gewöhnung an dieses Futter. Manche Hundehalter haben einfach nicht die Gelegenheit, Frischfleisch für den Hund zu bekommen; für sie ist Fertigfutter natürlich das Futter der Wahl.

Vollnahrung wird sowohl in getrockneter Form als auch in Dosen angeboten. Wenn letzteres vorwiegend Fleisch, Fleischbestandteile und Innereien enthält, muß – ebenso wie bei der Frischfleischfütterung – entsprechendes Beifutter verabreicht werden. Dann darf es allerdings nicht die Bezeichnung Vollnahrung aufweisen. Ein als Alleinfutter für Hunde angebotenes Dosenfutter soll neben Fleisch und tierischen Nebenerzeugnissen auch Getreide, pflanzliche Eiweißextrakte, pflanzliche Nebenerzeugnisse und eben Mineralstoffe und Vitamine enthalten.

Zu Trockenfutter werden unter anderem Fleischmehl, Fischmehl, Fleisch, Milchprodukte, Soja, Hefe und verschiedene Getreidesorten wie Mais, Weizen und Hafer verarbeitet.

Das als Preßfutter im Handel befindliche Trocken-Fertigfutter enthält ebenfalls ein ausgewogenes Eiweiß-Kohlenhydrat-Fett-Verhältnis mit 25–40 % Fleisch. Das Flüssigkeitsbedürfnis des Hundes ist allerdings wegen des geringen Wassergehaltes im Trokkenfutter weitaus höher als bei herkömmlichem Futter, was es zu berücksichtigen gilt. Trockenfutter enthält lediglich etwa 10 % Wasser, Frischfleisch hingegen 70–80 %.

Fütterungstabellen

Die nachfolgenden Fütterungstabellen nach KINNEY zielen auf eine an tierischen Eiweißen reiche Nahrung ab. Mit der Verabreichung von Milch in den Tabellen ist eine Mischung von ½ Liter Kuhmilch vermengt mit 1 Eßlöffel eines Kalk-Phosphorpräparates, 1 Eßlöffel Milchzucker und 1 Ei gemeint.

Alle diese Angaben erheben natürlich keinen Anspruch darauf, für den einzelnen Hund nun wirklich als Normmaße gelten zu wollen. Es handelt sich lediglich um Richtwerte, und es obliegt letztlich dem Hundehalter, das richtige Maß an Futter für seinen Hund herauszufinden.

Der Hund befindet sich dann in einem guten Futterzustand, wenn beim Überstreichen mit beiden Handflächen über den Brustkorb die Rippen gut fühlbar sind.

Futterzusammenstellungen für den wachsenden Hund nach KINNEY:

Schoßhunde

2 Monate alt:
morgens: 2–3 Eßl. Milch
spät morgens: 2 gehäufte Teelöffel feingeschnittenes Fleisch
am frühen Nachmittag: 3 Eßl. Milch
abends: 1 Eßlöffel feingeschnittenes Fleisch, 1 Teelöffel püriertes Gemüse, 1 Schnittchen Röstbrot
spät abends: 2–3 Eßl. Milch, ½ Teelöffel Lebertran.

3 Monate alt:
morgens: 2–3 Eßl. Milch
spät morgens: 1 gehäufter Eßl. feingeschnittenes Fleisch
am frühen Nachmittag: 2–3 Eßl. Milch
abends: 2 Eßl. feingeschnittenes Fleisch, 2 Teel. püriertes Gemüse, 1 Stück Röstbrot
spät abends: 2–3 Eßl. Milch
2mal täglich ½ Teel. Lebertran.

4 Monate alt:
morgens: 4–6 Eßl. Milch
spät morgens: 2 gehäufte Eßl. feingeschnittenes Fleisch
abends: 2–3 gehäufte Eßl. feingeschnittenes Fleisch, 2–3 Teel. gekochtes Gemüse, 1 Stück Röstbrot
spät abends: 4–6 Eßl. Milch.

5 Monate alt:
morgens: 4–6 Eßl. Milch
spät morgens: 2 gehäufte Eßl. feingeschnittenes Fleisch, 3 Teel. Gemüse, 1 Stück Röstbrot
spät abends: 4–6 Eßl. Milch
2mal täglich 1 Teel. Lebertran.

6 Monate alt:
morgens: 4–6 Eßl. Milch und 3- bis 4mal wöchentlich 1 rohes Ei
spät morgens: 2 gehäufte Eßl. feingeschnittenes Fleisch
spät abends: 3 gehäufte Eßl. feingeschnittenes Fleisch, 1 Eßl. Gemüse, 1 Stück Röstbrot
2mal täglich 1 Teel. Lebertran.

7–10 Monate alt:
Die Menge jedes der oben genannten Produkte wird langsam erhöht.

11 Monate alt:
morgens: ¾ Tasse Milch, 1 Eigelb oder 1 gekochtes Ei feingeschnitten
mittags: 2 gehäufte Eßl. feingeschnittenes Fleisch
abends: 3–4 gehäufte Eßl. feingeschnittenes Fleisch, 3–4 Eßl. Gemüse, 1 Stück Röstbrot
2mal täglich 1 Teel. Lebertran

12 Monate alt:
morgens: 2 gehäufte Eßl. feingeschnittenes Fleisch, 1 Stück Röstbrot und 2- bis 3mal wöchentlich 1 rohes Eigelb
abends: 4 gehäufte Eßl. feingeschnittenes Fleisch, 1 Eßl. Gemüse, 1 Stück Röstbrot
2mal täglich 1 Teel. Lebertran

Kleine Rassen

2 Monate alt:
morgens: 3–4 Eßl. Milch, 1 Stück Röstbrot
mittags: 2 gehäufte Eßl. feingeschnittenes Fleisch
abends: 2 gehäufte Eßl. feingeschnittenes Fleisch, 1 Eßl. gekochtes Gemüse, 1 Stück Röstbrot
spät abends: 3 Eßl. Milch
täglich 1 Teel. Lebertran.

3 Monate alt:
morgens: 4 Eßl. Milch, 1 Stück Röstbrot
mittags: 2 Eßl. feingeschnittenes Fleisch, 1 Stück Röstbrot
abends: 3 gehäufte Eßl. feingeschnittenes Fleisch, 1 Eßl. gekochtes Gemüse, 1 Stück Röstbrot
spät abends: 4 Eßl. Milch
2mal täglich 1 Teel. Lebertran.

4 Monate alt:
morgens: 6–8 Eßl. Milch, 1 Stück Röstbrot
mittags: 3 gehäufte Eßl. feingeschnittenes Fleisch, 1 Stück Röstbrot
abends: 4 gehäufte Eßl. feingeschnittenes Fleisch, 2 Eßl. Gemüse, 1 Stück Röstbrot

5 Monate alt:
morgens: 6–8 Eßl. Milch, 1 Stück Röstbrot
mittags: 3 gehäufte Eßl. feingeschnittenes Fleisch, 1 Stück Röstbrot
abends: 4–5 gehäufte Eßl. feingeschnittenes Fleisch, 2 Eßl. Gemüse
spät abends: 1 Tasse Milch
2mal täglich 2 Teel. Lebertran

6 Monate alt:
morgens: 1 Tasse Milch, 2 Stück Röstbrot und 4- bis 5mal wöchentlich 1 rohes Ei
mittags: 3–4 gehäufte Eßl. feingeschnittenes Fleisch, 1 Stück Röstbrot
spät abends: 5–6 gehäufte Eßl. feingeschnittenes Fleisch, 2 Eßl. Gemüse, 2 Stück Röstbrot
2mal täglich 1 Teel. Lebertran

7–9 Monate alt:
Die Menge der oben genannten Produkte wird langsam erhöht.

10 Monate alt:
morgens: 1 Tasse Milch, 2 Stück Röstbrot und 4- bis 5mal wöchentlich 1 Ei
mittags: 4 gehäufte Eßl. feingeschnittenes Fleisch, 1 Stück Röstbrot
abends: 6–8 Eßl. feingeschnittenes Fleisch, 2 Eßl. Gemüse, 2 Stück Röstbrot
täglich 1 Teel. Lebertran.

11–12 Monate alt:
morgens: 1 Tasse Milch, 2 Stück Röstbrot und 4- bis 5mal wöchentlich 1 Ei
abends: 250–300 g feingeschnittenes Fleisch, 2 Eßl. Gemüse, 2 Stück Röstbrot
täglich 1 Teel. Lebertran.

Mittelgroße Rassen

2 Monate alt:
morgens: 1 Tasse Milch, 1 Stück Röstbrot
mittags: 3 gehäufte Eßl. feingeschnittenes Fleisch
nachmittags: 1 Tasse Milch
abends: 3–4 Eßl. feingeschnittenes Fleisch, 1 Eßl. gekochtes Gemüse, 2 Stück Röstbrot
spät abends: 1 Tasse Milch
täglich 1 Teel. Lebertran.

3 Monate alt:
morgens: 1 Tasse Milch, 2 Stück Röstbrot
mittags: 3–4 gehäufte Eßl. feingeschnittenes Fleisch
abends: 4 gehäufte Eßl. feingeschnittenes Fleisch, 2 Eßl. gekochtes Gemüse, 2 Stück Röstbrot
spät abends: 1 Tasse Milch
2mal täglich 1 Teel. Lebertran.

4 Monate alt:
morgens: 1 Tasse Milch, 2 Stück Röstbrot
mittags: 4 gehäufte Eßl. feingeschnittenes Fleisch

abends: 6 gehäufte Eßl. feingeschnittenes Fleisch, 1 Tellerchen Gemüse, 2 Stück Röstbrot
spät abends: 1 Tasse Milch
2mal täglich 1 Teel. Lebertran.

5 Monate alt:
morgens: 1 Tasse Milch, 2 Stück Röstbrot
mittags: 4–5 Eßl. feingeschnittenes Fleisch
abends: 8 Eßl. feingeschnittenes Fleisch, 1 Tellerchen Gemüse, 2 Stück Röstbrot
spät abends: 1 Tasse Milch
2- bis 3mal täglich 1 Teel. Lebertran.

6 Monate alt:
morgens: ½ l Milch, 1 Ei, 3 Stück Röstbrot
mittags: 200 g feingeschnittenes Fleisch
abends: 200 g feingeschnittenes Fleisch, 1 Tellerchen Gemüse
2mal täglich 1 Eßl. Lebertran.

7–9 Monate alt:
Die Menge der oben genannten Produkte wird langsam gesteigert.

10 Monate alt:
morgens: ½ l Milch, 1 Ei, 3–4 Stück Röstbrot
mittags: 200 g feingeschnittenes Fleisch
abends: 300 g feingeschnittenes Fleisch, 1 Tellerchen Gemüse, 2–3 Stück geröstetes oder altbackenes Brot
2mal täglich 1 Eßl. Lebertran.

11 bis 12 Monate alt:
morgens: ½ l Milch, 1 Ei, 3–4 Stück Röstbrot
abends: 400–600 g feingeschnittenes Fleisch, 1 Tellerchen Gemüse, 4–5 Stück geröstetes oder altbackenes Brot
täglich 1 Eßl. Lebertran.

Große Rassen

2 Monate alt:
morgens: 2 Tassen Milch
mittags: 200 g feingeschnittenes Fleisch, 2–3 Schnitten Röstbrot
abends: 200 g feingeschnittenes Fleisch, 1 Tellerchen gekochtes Gemüse, 2 Stück Röstbrot
spät abends: 2 Tassen Milch
täglich 1 Eßl. Lebertran.

3 Monate alt:
morgens: ½ l Milch, 1 Ei, 3–4 Stück Röstbrot
mittags: 200 g feingeschnittenes Fleisch, 4 Stück geröstetes oder altbackenes Brot
abends: 300 g feingeschnittenes Fleisch, etwas mehr Gemüse, 2 Stück geröstetes oder altbackenes Brot
spät abends: ½ l Milch
2mal täglich 1 Eßl. Lebertran.

4 Monate alt:
morgens: ½ l Milch, 1 Ei, 3–4 Stück Röstbrot
mittags: 300–400 g feingeschnittenes Fleisch, Gemüse, 2 Stück geröstetes oder altbackenes Brot
abends: 400 g feingeschnittenes Fleisch, Gemüse, 2 Stück geröstetes oder altbackenes Brot
2mal täglich 1 Eßl. Lebertran.

5 Monate alt:
morgens: ½ l Milch, 1 rohes Ei, 4–5 Stück Röstbrot
mittags: 400–600 g feingeschnittenes Fleisch
abends: 400–600 g feingeschnittenes Fleisch, etwas mehr Gemüse, 3 Stück geröstetes oder altbackenes Brot
spät abends: ½ l Milch
täglich 1½ Eßl. Lebertran.

6 Monate alt:
morgens: $^2/_3$ l Vollmilch (gewöhnliche Milch ohne Zusatz), 2 rohe Eier, 4–5 Stück Röstbrot
mittags: 600 g feingeschnittenes Fleisch
abends: 600–800 g feingeschnittenes Fleisch, 3–4 Tassen Gemüse, 4–5 Stück geröstetes oder altbackenes Brot
2mal täglich $1^1/_2$–2 Eßl. Lebertran.

7–9 Monate alt:
Die Mengen der oben genannten Produkte werden erhöht, wobei bei großen Rassen auf das schnelle Wachstum zu achten ist.

10 Monate alt:
morgens: 1 l Vollmilch (gewöhnliche Milch ohne Zusatz), 2 rohe Eier, 5 Stück Röstbrot
mittags: 400 g geschnittenes Fleisch
abends: 800–1200 g geschnittenes Fleisch, 3–4 Tassen Gemüse, 4–5 Stück altbackenes Weißbrot.

11–12 Monate alt:
morgens: 1 l Vollmilch (gewöhnliche Milch ohne Zusatz), 2 rohe Eier, 3–4 Stück geröstetes oder altbackenes Brot
abends: 1200–1500 g geschnittenes Fleisch, 3–4 Tassen Gemüse, 6 Stück altbackenes Weißbrot.

Folgende der zuvor genannten Produkte bedürfen noch einer Erklärung:

Eier: Nur wenn der junge Hunde ein rohes Ei verträgt, kann ihm dieses verabreicht werden. Bekommt er aber Durchfall, wird das Ei entweder gekocht und feingehackt unter das Futter gemischt oder nur das rohe Eigelb verfüttert.

Röstbrot: Altbackenes Brot erfüllt den gleichen Zweck. An die Stelle von Brot können auch Hundekuchen treten.

Fleisch feingeschnitten: Das Fleisch wird je nach Alter und Größe des Hundes mehr oder weniger feingeschnitten dargeboten. Das Gebiß des Hundes ist ja so geschaffen, daß auch aus großen Fleischstücken Teile herausgerissen werden können. Ein zu kleines Schneiden oder gar das Verabreichen von Hackfleisch ist nicht erforderlich.

Notwendige Pflege

Fell

Um den Hund bei Wohlbefinden und letztlich auch gesund zu halten, ist eine regelmäßige Pflege des Fells notwendig, wobei kurzhaarige Hunde pflegeleichter sind als langhaarige Rassen.

Zum Bürsten des Kurzhaares benötigt man eine mittelharte Borstenbürste. Damit wird zunächst gegen den Strich – das heißt von hinten nach vorn – gebürstet. Anschließend gelangt eine Gumminoppenbürste – im Fachhandel auch als Noppenhandschuh erhältlich – zum Einsatz und zwar diesmal in der Verlaufsrichtung des Fells, was zusätzlich die Hautdurchblutung anregt und auch festsitzenden Schmutz auf der Haut löst. Ein anschließendes Nachreiben mit einem Woll- oder Frottiertuch bringt Glanz in das Fell.

Das Reinigen mit Puder sollte sowohl bei kurz- als auch bei langhaarigen Hunden möglichst unterbleiben. Der Puder verklebt leicht und ist dann kaum mehr zu entfernen.

Langhaarige Hunde werden mit einer Stahlborstenbürste gebürstet, mit der man wirklich bis auf die Haut des Hundes gelangt. Nach dem Bürsten kämmt man strähnchenweise mit einem breitzinkigen Kamm das Fell durch. Hunde mit langem Haar verfilzen bei mangelhafter Pflege sehr schnell und Hautkrankheiten können die Folge sein, weil die Luft zwischen Haut und verfilztem Fell nicht zirkulieren kann. Ist das Haar des Hundes verfilzt, muß man versuchen, mit den Fingern den Filz auseinanderzuzupfen und mit dem Kamm herauszuziehen. Im Hundebedarfshandel sind auch sogenannte Entfilzungskämme erhältlich. Bei starker Verfilzung hilft nur noch ein Herausschneiden der schlimmsten Stellen, um dem Hund beim Herauskämmen keine Schmerzen zuzufügen. Natürlich sieht er

Kamm, Stachelborsten- und Haarbürste gehören zur Erstausstattung des jungen Hundes.

Eine eigens für den Hund entwickelte Krallenschneidezange. Sie schiebt die Kralle von vorn nach hinten schräg weg, ohne zusammenzudrücken.

danach unter Umständen in seinem Haarkleid nicht sehr schön aus.

Pudel und andere wollhaarige Rassen werden nach dem Vorbürsten gegen den Strich gebürstet und gekämmt.

Auch die Haare zwischen den Zehen und Ballen müssen mit dem Kamm behandelt werden, allein schon, um dem Hängenbleiben von Fremdkörpern vorzubeugen, wodurch der Hund schlecht laufen könnte. Nach jedem Spaziergang sind Kletten, Gras und andere Mitbringsel aus dem Fell des langhaarigen Hundes sorgfältig zu entfernen.

Am besten lassen sich Hunde bürsten und kämmen, wenn man sie dazu auf einen Tisch stellt. Bei frühzeitigem diesbezüglichen Training kann man kleine Hunde sogar auf den Tisch legen, was auch ein Arbeiten unter den Achseln und in der Leistengegend gut ermöglicht.

Wenn der Standard einer Rasse ein Scheren des Hundes notwendig macht, sollte dies von einem Fachmann vorgenommen werden, es sei denn, daß sich der Hundehalter entsprechende Kenntnisse im Scheren und Trimmen aneignet.

Im Winter ist der Fellpflege besondere Aufmerksamkeit zu widmen. Es ist unumgänglich, den Hund auch bei Schnee und Eis hinauszuführen und ein Herumtollen im Schnee gefällt den meisten Hunden sehr. Das hat natürlich zur Folge, daß bei langhaarigen Rassen und solchen mit sogenannten ›Hosen‹ die reinsten Schneeklumpen an den Beinen und am Bauch hängenbleiben. Mit einem grobzinkigen Kamm lassen sich kleinere Schneeklümpchen entfernen. Wenn es die Größe der Rasse erlaubt, stellt man den Hund am besten in die Badewanne und duscht ihm mit warmem Wasser die Beine ab. Selbstverständlich muß der Hund danach gut abgetrocknet werden. Vom Schnee befreien und zugleich trocknen kann man die Hundebeine auch mittels eines nicht auf höchster Wärmestufe laufenden Föns. Der Schnee kann sich von vornherein nicht so gut festsetzen, wenn Beine und Bauch des Hundes vor dem Spaziergang mit einem ölhaltigen Fellpflegespray eingesprüht werden. Die Pfoten müssen immer dann abgespritzt oder gut abgewaschen werden, wenn der Spaziergang über mit Salz bestreute Wege führte. Danach empfiehlt sich ein Eincremen mit Vaseline-Creme oder das Besprühen mit einem speziell für diesen Zweck geeigneten Spray. Auf Eis, Salz und Split können die Hundepfoten wund und rissig werden.

Nagelpflege

Wenn der Hund häufig auf festem Boden läuft (Straße, Bürgersteige) und auch, wenn seine Krallen sehr weich sind, laufen sich diese meist von alleine ab. Bei viel Auslauf auf weichem Boden muß man Hunde mit harten Krallen einer wöchentlichen Nagel- beziehungsweise Krallenpflege unterziehen. Am besten eignet sich dazu eine Spezialzange, die die Krallen nicht zusammendrückt und den Nagel schräg abnimmt, ohne daß der Hund gegen diese Prozedur allzusehr protestiert. Es bedarf schon einiger Übung und ein gewisses Fingerspitzengefühl ist vonnöten, um beim Schneiden keinen Nerv zu erwischen. Sollte trotz größter Sorgfalt beim Krallenschneiden doch einmal eine blutende Verletzung entstehen, ist es nützlich, wenn ein blutstillendes und ätzendes Mittel zur Verfügung steht, um auch späteren Entzündungen entgegenzuwirken.

Augen

Das gesunde Auge bedarf keiner besonderen Pflege. Mit einem nicht fusselnden, feuchten Leinentuch wischt man morgens die Augen von außen nach innen aus, damit sich keine Tränenklümpchen bilden. Bei ständigem Augentränen können eventuell die Wimpern oder Brauenhaare das Auge reizen, was durch Kurzschneiden der Haare in diesem Bereich verhindert werden kann.

Ohren

Etwa alle 14 Tage wird der äußere Gehörgang mit einem in Babyöl getränkten Wattebausch sorgsam gesäubert. Wer für diese Arbeit zu wenig Routine besitzt, kann sich eines speziellen Ohrreinigungsmittels bedienen, das nur in das Ohr eingefüllt zu werden braucht. Anschließend massiert man den Ge-

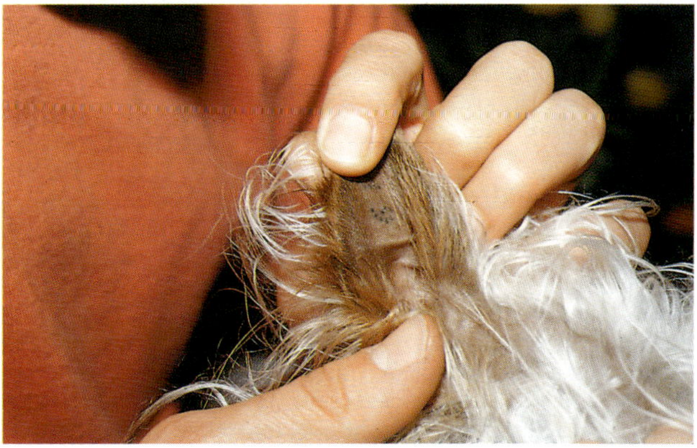

Man gibt ein selbstreinigendes Ohrreinigungsmittel in den Gehörgang und massiert mit dem Daumen den Gehörgang von unten nach oben.

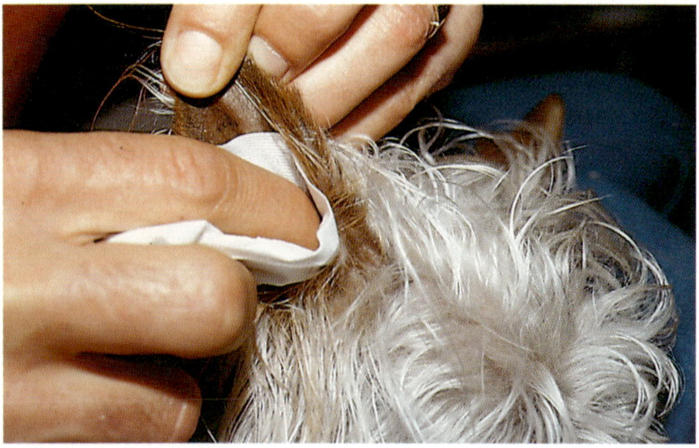

Mit einem um den Finger gewickelten Papiertaschentuch wische man das Ohr aus; verbliebene Reste bringt der Hund durch Schütteln nach draußen.

hörgang leicht von unten nach oben und tupft danach mit einem um den Finger gewickelten Tempotaschentuch das Öl wieder aus. Etwa zurückbleibende Reste befördert der Hund durch heftiges Schütteln selbst heraus.

Zähne

Ein Putzen der Zähne erübrigt sich, wenn man dem Hund regelmäßig Hundekuchen und rohe Karotten zum Nagen gibt. Solange Beläge auf den Zähnen noch weich sind, können mit einem in 3%iger Wasserstoffsuperoxydlösung getränkten Wattebausch entfernt werden. Stärkere Beläge und Zahnsteinbildung können zur Entzündung des Zahnfleisches führen, weshalb sie der Tierarzt von Zeit zu Zeit entfernen muß.

Parasitenbekämpfung

In den Pflegebereich gehört auch das Absuchen des Hundes nach auf der Haut lebenden Parasiten. Beim täglichen Bürsten lassen sich solche Schmarotzer gut ausmachen und entfernen, und der Hund bleibt von quälendem Juckreiz verschont. Nach Waldspaziergängen setzt sich zuweilen eine Zecke in der Haut fest. Dieser Blutsauger findet sich besonders an unbehaarten Stellen. Nach Beträufeln mit Öl, das die Atemwege der Zecke verstopft, stirbt sie ab und läßt sich dann mit einer raschen Linksdrehung vom Körper des Hundes ablösen, wobei wichtig ist, daß auch der Kopf mit entfernt wird; sonst entstehen leicht Entzündungen der Haut. Die Saugstelle wird mit einem Desinfektionsmittel behandelt.

Gegen Zecken und andere unliebsame Gäste im Fell schützt weitgehend ein sogenanntes Zeckenhalsband, das der Hund immer bei Spaziergängen in Wald und Flur tragen sollte.

Soll der junge Hund gebadet werden?

Für das Wohlbefinden des jungen Hundes und für seine Gesunderhaltung ist es nicht notwendig, ihn regelmäßig zu baden. Will man damit unangenehmen Hundegeruch unterbinden, so ist das ohnehin eine Frage der Haltung/Unterbringung und der Ernährung. (Die im Hundelager befindlichen Dekken hingegen müssen regelmäßig und

Das Seidenhaar des Maltesers muß sorgfältig gepflegt werden. Dieser Hund ist 4 Monate alt.

oft gewaschen werden.) Wenn sich der Hund einmal im Schmutz gewälzt hat, was natürlich auch vorkommen kann, und dann Düfte mit nach Hause bringt, die die menschliche Nase verabscheut, so ist selbstverständlich ein Vollbad angebracht. Für das Hundebad dürfen keine alkalihaltigen Seifen oder Waschmittel Verwendung finden; es wird ein rückfettendes Hundeshampoo benutzt. Die Temperatur des Badewassers beträgt ca. 35 °C. Augen und Ohren des Hundes sind während des Bades vor Wasser zu schützen. Der Hund wird nach dem Bad gut abfrottiert und eventuell trockengefönt. Bei kalter Witterung soll er möglichst zwei Stunden nach der Badeprozedur nicht ausgeführt werden und so lange an einem warmen und zugfreien Platz bleiben.

Entwicklung

Körper

In den ersten sechs Monaten im Leben des jungen Hundes macht das Größenwachstum gewaltige Fortschritte. Von Zwergrassen wird berichtet, daß sie mit 3 Monaten bereits zwei Drittel bis drei Viertel ihrer Größe erreicht haben. So sind denn auch gerade die Zwergrassen mit einem Jahr ausgewachsen, während mittlere und große Rassen cirka 1½ bis 2 Jahre benötigen, um als voll erwachsen zu gelten.

War der junge Hund bis zur Vollendung des Größenwachstums schmalrippig und schmalbrüstig, so setzt er jetzt ein Mehr an Fülle seines Körpers an; die Proportionen kommen in das Gleichgewicht. Bei guter Kondition kann er nun mit fordernden Aufgaben betraut werden. Das ist auch nötig, um seinen Tatendrang in gezielte Bahnen zu lenken.

Auf die Zähne beziehungsweise das Gebiß des Hundes soll nachfolgend noch etwas ausführlicher eingegangen werden.

Zähne

Das bleibende, vollständige Gebiß des Hundes besteht aus 42 Zähnen, wie es auch Schakale und Wölfe aufweisen:

Beim Milchgebiß befinden sich in jeder Kieferhälfte nur 3 vordere Backenzähne, während die hinteren Backenzähne noch fehlen. Deshalb weist das Gebiß des jungen Hundes vor dem Zahnwechsel lediglich 28 Zähne auf.

Im Alter von 2½ bis 4 Wochen brechen beim Welpen die Milchschneidezähne und die Eckzähne durch; zwischen der 4. und 6. Woche erscheinen dann die vorderen Backenzähne. Mit 3½–4 Monaten setzt der Zahnwechsel ein, bis im Alter von 6–8 Monaten die letzten bleibenden Zähne durchgekommen sind. Der Hundehalter muß während dieser Zeit darauf achten, daß auch alle Milchzähne durch Ausfallen dem Ersatzgebiß Platz geschaffen haben.

Die meisten Hunderassen sind mit einem sogenannten Scherengebiß ausgestattet, wobei die Schneidezähne des Oberkiefers scherenschenkelartig über die des Unterkiefers greifen. Schneidezahn 3 des Ober- und Unterkiefers steht jeweils auf Lücke, das heißt, der äußerste Schneidezahn des Oberkiefers greift zwischen den Schneidezahn und den Fang- oder Eckzahn des Unterkiefers ein. Die Eck- oder Fangzähne sind besonders groß, die des Oberkiefers fallen noch etwas kräftiger aus. Der Fangzahn des Unterkiefers greift in die Lücke des Oberkiefers zwischen dem 3. Schneidezahn und Fangzahn, der Eckzahn des Oberkiefers weist mit seiner Spitze in den Alveolarrand zwischen Eckzahn und Prämolar 1 des Unterkiefers. Die vorderen Backenzähne berühren sich beim Kieferschluß nicht.

Eck-, Haken- oder Fangzähne haben die Funktion des Verbeißens in der Beute, der Prämolar 4 dient als Reißzahn. Der Reißzahn des Oberkiefers weist gegenüber dem des Unterkiefers wieder eine Scherenwirkung auf. Da die Reißzähne direkt in Höhe des Lippenwinkels stehen, bieten sie sich direkt der Kaumuskeleinwirkung an.

Der Molar 1 des Unterkiefers trifft außer auf den Prämolaren 4 des Ober-

	Oberkiefer	Unterkiefer
Schneidezähne (Incisivi I)	3	3
Fangzähne (Canini, C)	1	1
Vordere Backenzähne (Prämolaren, P)	4	4
Hintere Backenzähne (Molaren, M)	2	3

Als Zahnformel läßt sich das wie folgt ausdrücken:

$$\frac{\text{Oberkiefer}\quad 3I \times 1C \times 4P \times 2M}{\text{Unterkiefer}\quad 3I \times 1C \times 4P \times 3M} \times 2 = 42\ \text{Zähne.}$$

kiefers auch auf den kräftigen Molar 1 des Oberkiefers. Der Molar 2 des Unterkiefers ist klein, aber der Molar 3 des Unterkiefers stellt sich in seiner Gestalt noch kleiner dar. Demgegenüber ist der Molar 1 des Oberkiefers sehr kräftig, der schwächere Molar 2 kommt mit seiner Kaufläche mit dem kleineren Molar 2 des Unterkiefers, zum Teil auch mit dem schwachen Molar 3 des Unterkiefers in Berührung.

Der mit einem Zangengebiß ausgestattete Hund beißt mit den Schneidezähnen des Ober- und Unterkiefers genau aufeinander. Die Schneidezähne nutzen sich bei dieser Zahnstellung vorzeitig ab.

Manche kurzköpfigen Rassen wie zum Beispiel der Boxer oder der Mops besitzen ein Gebiß, bei dem die unteren Schneidezähne über die des Oberkiefers greifen. Diese Zahnstellung ist für einige Rassen nicht als Fehler zu betrachten, sie wird vielmehr als rassetypisch infolge eines verkürzten Oberkiefers angesehen.

Zu erwähnen ist noch der sogenannte Hinterbiß, bei dem die Schneidezähne des verkürzten Unterkiefers hinter die Zungenfläche der oberen Schneidezähne zu liegen kommen.

Als häufigster Zahnfehler dürfte der vererbbare Prämolarenverlust (P1) anzusehen sein. Bei begründetem Verdacht auf fehlenden P1 können im Alter von 3 Monaten bereits fehlende Zahnanlagen röntgenologisch gesichert werden.

Durchbruch und Wechsel der Zähne des Hundes:

Zähne	Durchgebrochen im Alter von:	Zähne	Wechsel im Alter von:
Jd $\frac{1}{1}$		J $\frac{1}{1}$	
Jd $\frac{2}{2}$	4–6 Wochen	J $\frac{2}{2}$	3–5 Monaten
Jd $\frac{3}{3}$		J $\frac{3}{3}$	
Cd $\frac{1}{1}$	3–5 Wochen	C $\frac{1}{1}$	5–7 Monaten
Pd $\frac{1}{1}$	4–5 Monaten	(wechselt nicht)	
Pd $\frac{2}{2}$		P $\frac{2}{2}$	
Pd $\frac{3}{3}$	5–6 Wochen	P $\frac{3}{3}$	5–6 Monaten
Pd $\frac{4}{4}$		P $\frac{4}{4}$	
M $\frac{1}{1}$	4–5 Monaten		
M $\frac{2}{2}$	5–6 Monaten		
M $\frac{}{3}$	6–7 Monaten		

Zahnwechsel nach NICKEL-SCHUMMER-SEIFERLE

Korrektes Scherengebiß, wie es für die meisten Hunderassen im Standard vorgeschrieben ist. Boxer, Möpse u.a. hingegen besitzen einen sog. Vorbiß. Ein Zangengebiß gilt bei fast allen Rassen als unerwünscht oder Fehler. Bei dem Unterbiß steht der Unterkiefer extrem weit hinter dem Oberkiefer.

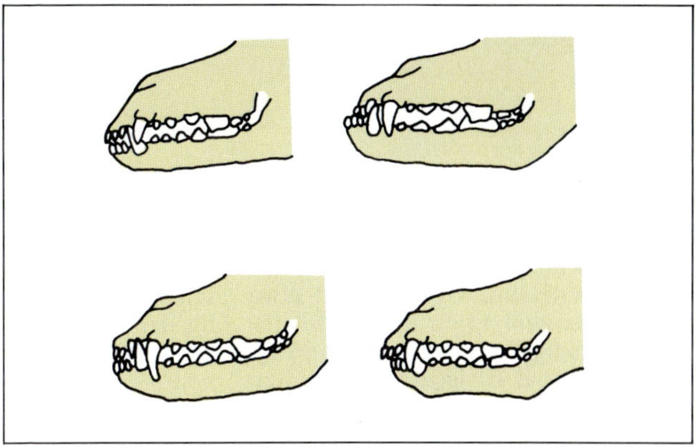

Prägungs- und Sozialisierungsphase

Erfährt der Welpe in den ersten Wochen seines Lebens keine menschliche Zuwendung, bleibt er – wie seine Wolfsahnen – dem Menschen gegenüber scheu und ablehnend. Während normale Hunde der Hand ihres Herrn ergeben und voller Zutrauen schmeicheln, weicht der scheue Hund vor jeder Menschenhand zurück, was natürlich auch durch anhaltend grobe Behandlung bedingt sein kann. Einem scheuen Junghund hat jedoch in der Regel während der wichtigen Prägungsphase der menschliche Kontakt gefehlt. Ein neuer Besitzer kann die Scheu durch sehr viel Liebe und Mühe allenfalls mildern, völlig beheben läßt sie sich allerdings nie mehr.

Die Prägung auf künftiges Hundeverhalten und auf den Menschen läuft zwischen der 3. und 7. Woche ab. Dieser Vorgang läßt sich im späteren Leben des Hundes nie mehr wiederholen.

Die Zeit zwischen der 8. und der 12. Lebenswoche gilt als Sozialisierungsphase. Wenn während dieser Wochen der Besitzerwechsel vor sich geht, ist das der günstigste Zeitpunkt für eine problemlose Eingewöhnung in das neue Zuhause.

Die Übernahme eines jungen Hundes vor der 8. Lebenswoche ist deshalb nicht anzuraten, weil der von Mutter und Geschwistern getrennte Hund zu sehr auf den Menschen geprägt wird. Da aber auch später eine Konfrontation mit Artgenossen nicht zu umgehen ist, kann er diesen, weil er keine Gelegenheit hatte, soziale Bindungen zu anderen Hunden zu entwickeln, entweder aggressiv oder extrem ängstlich begegnen.

Ab der 13. Lebenswoche spricht man von der ersten Jugendstufe, die bis etwa zum 4. Monat anhält. In dieser Zeit ist der Charakter des jungen Hundes noch weitgehend formbar. Die Erlebnisse aus dem Bereich des näheren und weiteren Umfeldes, haben eine große Bedeutung auch für das weitere Sozialverhalten des jungen Hundes. Da die Verhaltensstrukturen später erstarren, kann das weitere Lernen lediglich auf dem bereits bestehenden Fundament aufbauen, was für Erfolg oder Mißerfolg in der Erziehung des jungen Hundes wichtig ist.

Ein junger Hund, der erst nach dem 4. Monat Großstadtlärm erlebt, zeigt sich unsicher, scheu und ängstlich, vor allem dann, wenn er in einem von der Umwelt recht abgeschotteten Zwinger gehalten wurde.

Die zweite Jugendstufe reicht etwa vom 4. bis zum Ende des 6. Monats. Der frühzeitig einer Erziehung zugängliche Junghund ist jetzt angenehm zu halten; er folgt gut und ist weiterhin erzieherischen Aufgaben leicht zugänglich.

Die Unterordnungsbereitschaft muß jedoch noch nicht für die Dauer vorherrschen; in der Pubertätsphase, die beim einen Hund früher, beim anderen später auftritt, kann der junge Hund durchaus noch einmal Schwierigkeiten bereiten und sich nicht unterordnungswillig zeigen. Das hängt mit der Funktion verschiedener Hormondrüsen zusammen, die auf die Geschlechtsreife hindeuten. Das wechselnde Verhalten des jungen Hundes und die Neigung, sich sogar gegen den Herrn aufzulehnen, geht meist der Geschlechtsreife voraus, kann aber auch im unmittelbaren Anschluß daran folgen. Hier ist es seitens des Hundehalters verstärkt nötig, dem Hund seine Stellung – nämlich die des Schwächeren, des Untergebenen – energisch aufzuzeigen. Zum Glück geht diese unangenehme Phase ebenso schnell vorüber, wie sie kam.

Danach gelangt der junge, heranwachsende Hund in das Erwachsenenstadium, zumal dann auch sein Größenwachstum abgeschlossen ist. Vollwertig erwachsen ist der Hund allerdings erst, wenn die in ihm ruhenden Veranlagungen wie zum Beispiel das Verteidigungs- und Bewachungsverhalten, bei manchen Rassen die Raubzeugschärfe und beim Jagdhund das Vorstehen zum Tragen kommen. Diese verschiedenartigen Veranlagungen entwickeln sich erst nach und nach bis zur Perfektion.

Gesunder Hund – kranker Hund

Wenngleich eine gute und artgerechte Fütterung, eine hygienisch einwandfreie Haltung und Unterbringung sowie eine regelmäßige Pflege beste Voraussetzungen für die Gesundheit des Hundes bieten, so sind sie leider kein Garant dafür, daß der Hund nicht auch einmal erkranken könnte. Ernste Erkrankungen gehören freilich in die Hand eines erfahrenen Tierarztes für Kleintiere; da aber gerade bei Verletzungen oder Unfällen schnelles Handeln erforderlich ist, sollte der Hundehalter wissen, wie er bis zum Eintreffen des Tierarztes ›Erste Hilfe‹ leisten kann.

Der gesunde Hund, der voller Aufmerksamkeit und Interesse die Geschehnisse um ihn herum verfolgt, atmet im Ruhezustand 10 bis 20 Mal pro Minute, das Herz schlägt 70–100 Mal in der Minute; die Körpertemperatur liegt bei rektaler Messung zwischen 37,5 und 38,5 °C. Darüber hinausgehende Temperaturen sind immer ein Alarmzeichen und ab 39,5 °C ist Grund zur Sorge gegeben und der Tierarzt unverzüglich zu benachrichtigen.

Hat der Hund Durchfall und die Temperatur ist nicht erhöht, so hilft in der Regel die Einschaltung eines Fastentages; allerdings soll der Hund Flüssigkeit (schwarzer Tee oder Pfefferminztee verdünnt) bekommen, so viel wie er mag. Tritt nach einem Fastentag mit anschließender Fütterung von Schmelz-Haferflocken unter Beigabe eines rohen geriebenen Apfels keine Besserung ein, muß man den Tierarzt konsultieren.

Der Tierarzt ist auch dann einzuschalten, wenn der Hund öfter hintereinander erbricht; einmaliges Erbrechen hingegen ist noch nicht besorgniserregend.

Im allgemeinen hat der gesunde Hund eine feuchte Nase; bei manchen Tieren ist sie allerdings trotz bester Gesundheit ständig sehr trocken. Entscheidend ist letztlich bei Verdacht auf eine fieberhafte Erkrankung das Messer der Temperatur.

Gesundheitsvorsorge

Nicht immer sind Krankheitszeichen klar und eindeutig zu erkennen, weshalb der Hundehalter zum aufmerksamen Beobachten seines Hundes hinsichtlich irgendwelcher Veränderungen angehalten ist. Dazu gehört vor allem die Feststellung, ob der Hund schlechter frißt oder aber ein gesteigerter Appetit vorliegt. Auch ein vermehrtes Flüssigkeitsbedürfnis kann Hinweis auf eine vorliegende Erkrankung sein. Der Kot des Hundes bedarf einer Kontrolle hinsichtlich des Aussehens (Farbe) und der Beschaffenheit (Form). Gerade beim jungen Hund ist auf möglichen Darmparasitenbefall zu achten ebenso wie auf Schmarotzer, die sich auf der Haut des Hundes einnisten. Augen- und Mundschleimhäute des gesunden Hundes sind blaßrosa. Die Zähne werden auf Verfärbungen und Zahnstein untersucht, und eine regelmäßige Gewichtskontrolle zeigt an, ob der Hund sein Futter optimal verwertet.

In den Rahmen der Vorsorge fallen auch die Schutzimpfungen gegen verschiedene Infektionskrankheiten. Der zum Hund gehörende Impfpaß gibt

Früh übt sich ...

Eine ausstellungsreife Stehübung. Dabei ist der kleine Rottweiler gerade erst 12 Wochen alt.

Loben und Liebkosen für die perfekte Vorstellung.

dem neuen Besitzer Aufschluß darüber, wann beim Züchter und wogegen bereits geimpft wurde. Aus dem Impfpaß ist auch ersichtlich, welche Nachimpfungen noch vorgenommen werden müssen und die Vorstellung beim Tierarzt notwendig machen.

Der Impfpaß eines bekannten Arzneimittelinstitutes gibt folgende Impf-Empfehlungen:

1. Grundimmunisierung

a) Tollwut

Bei Anwendung von Madivak: Einmalimpfung ab 8. Lebenswoche

Bei Anwendung von Candivac: Doppelimpfung im Abstand von 4–6 Wochen ab 8. Lebenswoche

b) Staupe, Hepatitis und Leptospirose

1. Impfung im Alter von 7–9 Wochen

2. Impfung im Alter von 12–14 Wochen

c) Parvovirose

Ab 6. Lebenswoche mit Candur P 2 Impfungen im Abstand von 2–4 Wochen.

Hinweis: Hunde in schlechtem Allgemeinzustand – insbesondere Tiere mit starkem Ekto- und Endoparasitenbefall – sind von der Impfung auszuschließen.

2. Wiederholungsimpfungen

a) Tollwut

Um einen dauerhaften Schutz gegen Tollwut zu ermöglichen, werden Wiederholungsimpfungen im jährlichen Abstand empfohlen. Bei Reisen ins Ausland sind oft besondere Vorschriften bezüglich der Schutzimpfungen einzuhalten.

b) Staupe, Hepatitis und Leptospirose

Zur Gewährleistung einer kontinuierlichen Immunität gegen Staupe und Hepatitis sind Wiederholungsimpfungen im Abstand von 1–2 Jahren notwendig. Gegen Leptospirose muß jährlich nachgeimpft werden.

c) Parvovirose
Zur Gewährleistung einer kontinuierlichen Immunität sind Wiederholungsimpfungen im jährlichen Abstand notwendig. Bei Hündinnen ist außerdem eine Auffrischungsimpfung etwa in der Mitte jeder Trächtigkeit zu empfehlen. Bei über 12 Wochen alten Hunden, die keine maternalen Antikörper mehr haben, genügt im allgemeinen die einmalige Impfung.

Auch vor dem gefürchteten Zwingerhusten kann eine vorbeugende Impfung schützen. Die erste Immunisierung erfolgt in der 6. Lebenswoche, die Nachimpfung in der 9. Woche, wenn die Welpen besonders gefährdet sind. Ansonsten wird die Erstimpfung in der 10. und die Nachimpfung in der 14. Lebenswoche vorgenommen.

Welpen und Junghunde werden häufig von Spulwürmern befallen, weshalb regelmäßige Wurmkuren durchzuführen sind. Die vorbeugende Wurmkur beim Welpen erfolgt nach genauem Wiegen und Verabreichen der vom Hersteller für das Gewicht des Welpen erforderlichen Menge. Die erste Wurmkur geschieht am 18. Tag nach der Geburt, die zweite 14 Tage später – wieder nach vorherigem Wiegen – und schließlich wird im Alter von 8 Wochen nochmals ein entsprechendes Wurmmittel verabreicht. So ist gewährleistet, daß sich reife Spulwürmer erst gar nicht entwickeln. Es sind heute sicher wirksame Wurmmittel auf dem Markt, die zum Teil auch noch gegen Hakenwürmer angehen.

Als Zwischenwirt des Bandwurmes gilt der Hundefloh oder Haarling. Ein Zerbeißen des Zwischenwirtes durch den Hund macht die Ausbildung eines neuen Bandwurmes möglich. Deshalb sei an dieser Stelle nochmals ausdrücklich auf die Behandlung eventuellen Flohbefalls verwiesen.

Um den jungen Hund nicht unnötig durch Wurmkuren zu belasten, kann man durch einen dafür ausgerüsteten Tierarzt eine Kotuntersuchung vornehmen lassen, um eventuell auch die Wurmarten zu erfassen, auf die die herkömmlichen Wurmmittel nicht ansprechen.

Tetanus-Serum sollte prophylaktisch bei tiefen, verschmutzten Wunden in tetanusgefährdeten Gebieten verabfolgt werden. Da sich der Hund für den Wundstarrkrampf nicht sehr anfällig zeigt, empfiehlt sich eine aktive Schutzimpfung nur in besonders gefährdeten Gebieten.

Leider sind noch nicht für alle Infektionskrankheiten, von denen der Hund betroffen werden kann, entsprechende Impfstoffe auf dem Markt wie zum Beispiel gegen die erst in den letzten Jahren aufgekommene Aujeszkysche Krankheit (Pseudowut). Da die Ansteckungsgefahr für den Hund vom Schwein ausgeht, darf in erster Linie dem Hund kein ungekochtes Schweinefleisch gefüttert werden.

Erste Hilfe

Beißereien

Trotz guter sozialer Beziehungen zu Artgenossen kann es doch einmal zu Raufereien mit anderen Hunden kommen, beispielsweise dann, wenn zwei

Rüden ihre gemeinsame Vorliebe für eine Hundedame entdecken. Das Austragen von Rangkämpfen zwischen zusammenlebenden Hunden geht meist auch nicht ohne Schrammen ab.

Bei kleinen, nur oberflächlichen Wunden bedarf es keines Eingreifens. Lediglich die Haare um die Verletzungsstelle herum sollte man abscheren, um Verklebungen und nachfolgende Eiterungen zu vermeiden. Tiefergehende Verletzungen müssen umgehend tierärztlich versorgt und genäht werden. Die Nachbehandlung erfolgt mit antibiotikahaltiger Wundsalbe.

Schnittverletzungen

Durch Glassplitter entstandene Verletzungen an den Pfoten des Hundes werden sorgfältig gesäubert. Eine Spraydose Chloromycetin mit Gentiana Violett ist für solche und ähnliche Fälle immer greifbar. Dieses Mittel trocknet nässende Wunden aus und der bittere Geschmack verhindert, daß der Hund die Wunde ständig ableckt.

Verkehrsunfall

Auch der wohlerzogenste Hund ist nicht dagegen gefeit, einmal von einem Auto angefahren zu werden. An besonders gefährlichen Stellen sollte man den Hund immer an die Leine nehmen. Er könnte beispielsweise auf der anderen Straßenseite einen Hund sehen, und schnell wäre vergessen, daß er ja eigentlich Herrchen ›Bei Fuß‹ bleiben muß. Von einem jungen Hund kann absoluter Gehorsam noch nicht erwartet werden.

Nach einem Verkehrsunfall steht der Hund in der Regel unter einer Schockeinwirkung, während der er sogar nach den helfenden Personen schnappen kann. Wichtig ist, den Hund durch ruhiges Zureden erst einmal zu beruhigen versuchen. Auch bei anderen Unfällen überträgt sich das ruhige, umsichtige Verhalten des Herrn auf den Hund, was weiteren Maßnahmen natürlich zugute kommt. Ein Schockzustand kann mit Bewußtseinstrübung, ansteigender Pulsfrequenz und abfallendem Blutdruck mit gestörter Atemrhythmik bis hin zum Atemstillstand einhergehen. Der Hund sollte auf die Seite gelegt und es sollte versucht werden, die Zunge seitlich herauszuziehen, was mit Hilfe eines Papiertaschentuches auch gelingt. Bei Atemstillstand wird künstliche Beatmung eingeleitet. Mit beiden Händen preßt man den Brustkorb kräftig zusammen und läßt wieder los. Zur ausreichenden Belüftung der Lunge muß schon ein ziemlich starker Druck ausgeübt werden. Ein Helfer achtet auf die herausgezogene Zunge. Das Zusammendrücken des Brustkorbs endet, sobald der Hund wieder von selbst atmet. Da diese Tätigkeit mit hoher Kraftanstrengung verbunden ist, wechseln sich am besten zwei Personen ab.

Verletzte Arterien an den Beinen werden zum Körper hin abgebunden, während man venöse Blutungen, die am dunklen Blut zu erkennen sind, durch körperfernes Abbinden versorgt. Zum Abbinden eignen sich notfalls zwei aneinandergeknotete Taschentücher, die möglichst gut festgezogen sein müssen.

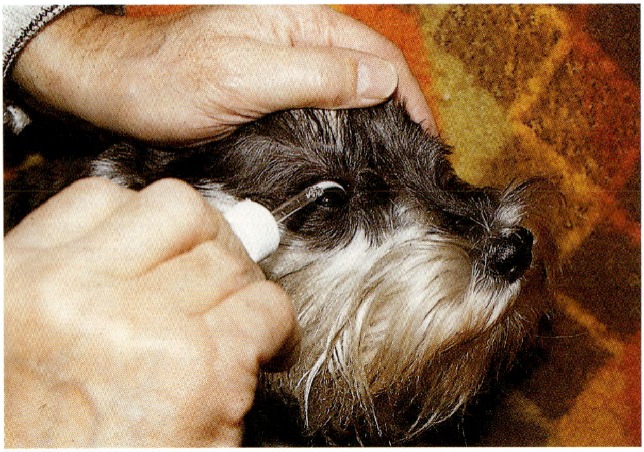

Zum Verabreichen von Augentropfen wird das Augenlid nach oben gezogen und in die untere Augenecke geträufelt. Bei einem unruhigen Hund empfiehlt sich das Hinzuziehen einer Hilfsperson.

Bei stark blutenden Verletzungen an Kopf und Körper, die nicht zu unterbinden sind, muß man versuchen, das verletzte Gefäß mit den Fingern so fest wie möglich zusammenzudrücken.

Das alles sind Maßnahmen, die wirklich als »Erste Hilfe« aufzufassen sind. Daß ein Tierarzt schnellstmöglich den verunglückten Patienten übernehmen und untersuchen muß, versteht sich von selbst.

Hitzschlag

Kein verantwortungsbewußter Hundehalter wird seinen Hund vorsätzlich in einem durch Sonneneinwirkung stark aufgeheizten Auto lassen. Es könnte aber einmal vorkommen, daß anläßlich einer Reise mit dem Hund das Auto auf der Autobahn längere Zeit bei großer Hitze nur langsam vorankommt. Dann vermag der Hund auch durch Hecheln keinen ausreichenden Wärmeausgleich mehr zu erreichen. Es kommt zum Hitzestau mit einer Körpertemperatur bis zu 42 °C, verstärktem Hecheln, rasend schnellem Herzschlag und Mattigkeit. Auch Krämpfe und sogar Bewußtlosigkeit können auftreten. Der Hund muß dann unverzüglich an einen kühlen Ort und mit triefend nassen Tüchern abgerieben werden; keinesfalls darf man ihn mit Wasser aus dem Eimer einfach überschütten. Der Kreislauf läßt sich mit ein paar auf die Zunge geträufelten Tropfen Essig anregen (5–10 Tropfen beim kleinen, 20–30 Tropfen beim großen Hund).

Vergiftungen

Hat der Hund irgendeinen Giftstoff aufgenommen, so besteht die Behandlung in erster Linie darin, das Gift aus dem Körper zu beseitigen. Bis der Tierarzt ein Brechmittel spritzen kann, muß versucht werden, den Hund durch

Verabreichen von sehr warmem Salzwasser wiederholt zum Erbrechen zu reizen. Ist er jedoch benommen oder gar bewußtlos, hat das Einflößen von Flüssigkeit wegen der Gefahr des Verschluckens zu unterbleiben. Milch, Öl oder Rizinus darf nicht gegeben werden, wenn fettlösliche Giftstoffe aufgenommen wurden; lediglich bei Vergiftung mit Säuren und Laugen ist Milch zusammen mit rohen Eiern einzuflößen.

Es bleibt jedoch zu überlegen, ob die Fahrt zum Tierarzt nicht schneller als die Durchführung der genannten Prozeduren zu bewerkstelligen ist.

Dem Hund Medikamente verabreichen

Nach der Diagnose durch den Tierarzt wird der Hundehalter damit betraut, dem Hund die entsprechenden Medikamente einzugeben. Das ist leichter gesagt als getan, denn beim Schlucken von Medizin bereitet der Hund in der Regel Schwierigkeiten.

Tabletten oder Kapseln kann man in einem Hackfleischbällchen verstecken, was aber wenig Sinn hat, wenn der Hund ohnehin infolge seiner Krankheit keinen rechten Appetit zeigt. In diesem Fall schiebt man die Tablette über die Zunge soweit wie möglich in den Rachenraum, zieht den Finger schnell zurück und hält den Fang des Hundes leicht zu. Durch das Einschieben des Medikamentes weit genug nach hinten wird ein Schluckreflex ausgelöst. Ein Kraulen am Hals lenkt zudem den Hund etwas von dieser

Hausapotheke für den Hund

Sie ist kühl und trocken und vor Kindern geschützt aufzubewahren.

Inhalt:
Fieberthermometer
Vaseline
Desinfektionsmittel
Insektenspray
Mullbinden
Verbandmull
Leukoplast
Verbandwatte
Wurmmittel
Ektoparasiten-Puder
Kreislauftropfen
Pinzette
Papiertaschentücher
Jodtinktur
Wundgel
Heilsalbe
Ohrreinigungsmittel
Augensalbe
Kohletabletten
3%iges Wasserstoffsuperoxyd
Puder
Neo-Ballistol-Öl
gebogene Schere.

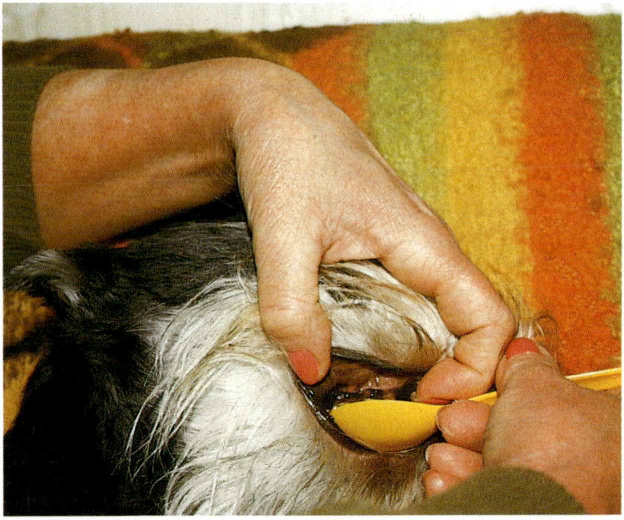

Flüssige Medizin bekommt der Hund mit einem Löffel in die untere Lefze gegossen, die man zu einer Art Tasche formt.

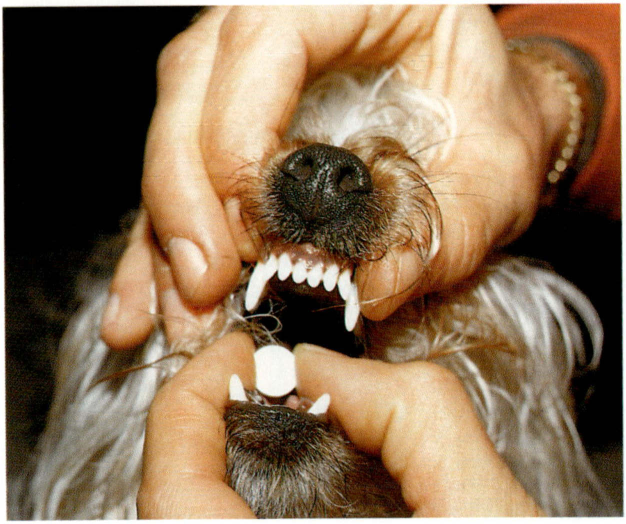

Um dem Hund eine Tablette einzugeben, werden Ober- und Unterkiefer so weit wie möglich geöffnet und die Tablette weit nach hinten in den Rachen geschoben. Ein Schließen des Fangs und Kraulen am Hals veranlassen den Hund, die Tablette abzuschlucken.

nicht ganz angenehmen Prozedur ab. Etwas leichter läßt sich dem Hund flüssige Medizin zuführen, indem man durch das Hochziehen der Lefzen eine Art Tasche bildet und in diese das Medikament einträufelt. Will der Hund bei leicht zugehaltenem Fang dennoch nicht abschlucken, hilft ein kurzes Zuhalten der Nasenlöcher.

Infektionskrankheiten

Welpen und Junghunde werden weit häufiger von Infektionskrankheiten heimgesucht wie erwachsene Tiere, was auf ihr noch instabiles Abwehrsystem zurückzuführen ist. Die natürlichen Abwehrkräfte können auch durch Überanstrengung, Wurmbefall, falsche unsachgemäße Fütterung und verschiedene andere Umwelteinflüsse geschwächt sein und zu erhöhter Infektionsbereitschaft führen.

Die hauptsächlichsten Erregergruppen sind Bakterien und Viren. Man unterscheidet zwei Arten von Impfungen. Einem bereits von einer bestimmten Infektionskrankheit befallenen Hund werden spezifische Abwehrkörper gespritzt. Diese Art der Behandlung nennt man passive Immunisierung, weil dem Hund künstlich – also passiv – mit einem Serum die Antikörper zugeführt werden. Infolge des relativ schnellen Abbaus der zugeführten Antikörper bietet eine Serumimmunisierung nur für einen kurzen Zeitraum Schutz.

Bei der aktiven Immunisierung gegen Staupe, Hepatitis, Leptospirose, Parvovirose, Zwingerhusten und Tollwut wird bei dem Hund eine abgeschwächte Erkrankung künstlich erzeugt durch Infizierung mit dem abgetöteten Erreger. Bei diesem Verfahren bildet der Organismus selbst die entsprechenden Antikörper.

Staupe

Die Staupe ist eine ansteckende Viruserkrankung, die hauptsächlich über die Schleimhäute des Hundes ihren Weg in den Körper findet. Wechselnde Körpertemperaturen – Fieber bis 41 °C, Husten, wäßriger Ausfluß aus Nase und Augen, Bindehautentzündung, Entzündung des Rachens mit Schluckbeschwerden, seltener Durchfall und Erbrechen, legen den Verdacht auf das erste Stadium (Virusstadium) einer Staupeerkrankung nahe. Das Virusstadium birgt wegen des kurzen Verlaufs und einem anschließend symptomlosen Intervall von 1–7 Tagen die Gefahr in sich, nicht genügend ernstgenommen zu werden, und oft wird deshalb lediglich an eine vorübergehende Erkältung des Hundes gedacht. Im ersten Stadium der Staupe bestehen gute Aussichten für eine Heilung, vorausgesetzt natürlich, der Tierarzt wird rechtzeitig aufgesucht.

Im Sekundärstadium, das nach 1–7 fieberfreien Tagen mit Temperaturen um 40 °C einsetzt, können betroffen sein: Atmungsapparat, Verdauungsapparat, Niere und Blase, Augen und schließlich auch das Herz. Während im zweiten Stadium noch gewisse Heilungschancen bestehen, ist im dritten Stadium, das mit krampfartigen Anfällen, Bewegungsstörungen oder Läh-

10 Wochen alter Zwergschnauzer schwarz-silber. Schnauzer sind sehr anhänglich und äußerst gelehrig.

mungen einhergeht (nervöses Stadium), die Prognose äußerst ungünstig.

Eine abgewandelte, bösartige Form der Staupe ist die sogenannte Hartballenkrankheit. Neben den gleichen Krankheitserscheinungen wie bei der Staupe tritt hier noch eine harte Verhornung der Zehenballen und gelegentlich auch des Nasenspiegels auf.

Hepatitis contagiosa canis (H.c.c.)

Von der ansteckenden Leberentzündung – ebenfalls eine Viruserkrankung – werden vornehmlich Junghunde befallen. Die Symptome ähneln denen der Staupe: Fieber bis 41 °C, Appetitlosigkeit, Mattigkeit, Entzündung im Rachenraum, häufig starker Durst und Erbrechen, selten Durchfall, Stöhnen und Winseln mit Druckempfindlichkeit des Bauches, mitunter leichte Gelbsucht, gelegentlich Krämpfe der Gliedmaßen und des Halses sowie Lähmungserscheinungen der Hinterhand. Bei akuter Erkrankung an Hepatitis ist die Prognose stets zweifelhaft.

Leptospirose

Die Krankheitserreger der Leptospirose – auch als Stuttgarter Hundeseuche bekannt – sind Leptospiren. Verschiedene Erregertypen führen zu unterschiedlichen Krankheitsbildern, die eine Schwäche in der Nachhand, Appetitlosigkeit, Müdigkeit, Erbrechen, Entzündungen im Fang, Magen-, Darm- sowie Nierenerkrankungen aufweisen können. Im fortgeschrittenen Krankheitsverlauf treten Bewegungsstörungen, aasartiger Geruch aus dem Fang und eine Gelbfärbung der Schleimhäute auf.

Die Erreger werden mit dem tierischen Harn verbreitet und durch Beschnuppern und Abschlecken geschieht die Infektion oft direkt von Hund zu Hund. Aber auch Mäusearten, Schwein oder Rind kommen als Zwischenwirte in Betracht. Da die Leptospiren gegen alkalisches Milieu, gegen Kälte und Nässe widerstandsfähig sind, können als Infektionsquellen nasser Boden, Tümpel, Teiche, aber auch verunreinigtes Futter und Trinkwasser in Frage kommen.

Die Infektion mit den Erregern L. canicola und L. icterohaemorrhagiae ist besonders bei Stadthunden weit verbreitet; der zweite Erreger ist auch für den Menschen ansteckend und als Weilsche Krankheit bekannt. Eine Erkrankung an Leptospirose ist meldepflichtig.

Tollwut

Die Tollwut ist eine auch auf den Menschen übertragbare, anzeigepflichtige Viruskrankheit. Katze, Hund, Rind und Schaf sind am häufigsten betroffen. In der freien Wildbahn ist vor allem der Fuchs der Verschlepper der Seuche. Die Ansteckung geschieht durch das Eindringen von infiziertem Speichel oder Harn in eine Wunde, meistens aber durch Bißverletzungen.

Die heute beim Hund am häufigsten auftretende Verlaufsform ist die ›Stille Wut‹. Dem entsprechend sitzt der Hund still und benommen da, der Blick ist teilnahmslos und er nimmt kaum Notiz von seiner Umgebung. Der Unterkiefer hängt schlaff herunter, die Stimme ist heiser. Der Tod tritt durch eine allgemeine Lähmung ein.

Sehr selten ist heute die sogenannte ›Rasende Wut‹ anzutreffen mit Launenhaftigkeit, Unruhe und vor allem mit erhöhtem Bell- und Beißtrieb. Dazu kommt noch Futterverweigerung und wütendes Zerbeißen von Holz, Metall u. ä. Das Bellen ist langgezogen, und der Hund entwickelt einen unbezähmbaren Drang zu entweichen. Die fortschreitende Lähmung beginnt am Kopf. Bei einem nicht geimpften Hund endet die Tollwuterkrankung immer tödlich. Eine Behandlung ist auch bei bloßem Tollwutverdacht des Hundes, veterinärpolizeilich verboten. Hunde, die gegen Tollwut geimpft sind, müssen bei Ansteckungsverdacht nicht mehr wie früher sofort getötet werden. Es muß aber unverzüglich eine Wiederholungsimpfung einsetzen.

Parvovirose

Die Viruskrankheit Parvovirose ist erst seit 1978 bekannt. Mit dem Katzenseuche-Virus ist der Erreger zwar eng verwandt, aber nicht identisch. So ist auch eine Übertragung von Katzen auf Hunde ausgeschlossen. Es können Tiere jeden Alters von dieser Krankheit befallen werden. Man kennt zwei verschiedene Verlaufsformen: die Myokarditisform, die meist eine rasch verlaufende Herzmuskelentzündung aufweist und besonders bei Welpen zwischen der 2. und 12. Lebenswoche auftritt. An der Enteritisform mit starkem Erbrechen und Durchfall erkranken meist ältere Tiere. Bei der Myokarditisform zeigen die Hunde deutliche Mattigkeit und gelegentlich Atembeschwerden. Der Tod tritt aber auch häufig ohne vorausgehende Krankheitszeichen ein. Die Enteritisform äußerst sich in plötzlich einsetzendem Erbrechen von Mageninhalt, im weiteren Verlauf galleartig; danach tritt Kotbre-

Jungtiere einer großen Hunderasse wirken in den ersten Monaten besonders tollpatschig.

9 Monate alter Schäferhund/ Collie-Mischling.

chen auf und ein sich verstärkender, teilweise blutiger Durchfall mit stechendem, etwas süßlichem Geruch. Der hohe Flüssigkeitsverlust beziehungsweise die dadurch entstehende Austrocknung führen schließlich zum Tod durch Kreislaufversagen. Da die Welpen bereits im Mutterleib infiziert werden können, ist die Zuchthündin rechtzeitig vor der Bedeckung schutzzuimpfen und gegebenenfalls in der Mitte der Trächtigkeit einer Nachimpfung zu unterziehen.

Zwingerhusten

Beim Zwingerhusten handelt es sich um eine Mischinfektion, denn er wird von Viren und Bakterien gemeinsam hervorgerufen. Es können alle Altersgruppen von der Krankheit befallen werden, vornehmlich aber ältere Welpen beziehungsweise Jungtiere. Zu beobachten ist ein kurzer, harter und trockener Husten, eine Rachenentzündung meist ohne Fieber, gelegentlich tritt Brechreiz auf. Die Möglichkeit einer Schutzimpfung ist noch nicht sehr lange gegeben.

Gegen alle vorgenannten Infektionskrankheiten ist eine vorbeugende Schutzimpfung möglich.

Bei Toxoplasmose, Aujeszky-Krankheit, Herpesvirus-Infektion (Welpensterben) kommen allgemeine Vorsichtsmaßregeln in Betracht. Eine Schutzimpfung gegen diese Infektionskrankheiten gibt es noch nicht.

Mit dem jungen Hund auf Reisen

Der Besitzer eines jungen Hundes sollte sich sehr gut überlegen, ob er das Tier den Strapazen einer weiten Reise aussetzen will, oder ob der Hund nicht vielleicht doch besser in einer gut geführten Hundepension untergebracht wäre.

Die Mitnahme im Auto setzt ein Nichtfüttern des Hundes 2–3 Stunden vor Fahrtantritt voraus. Für den Fall, daß dem Hund dennoch während der Fahrt schlecht wird, muß ein vom Tierarzt verordnetes Mittel gegen Reisekrankheit mitgeführt oder vorsorglich verabreicht werden. Vorheriges Testen der Verträglichkeit von Autofahrten erspart Kummer während einer längeren Reise.

Die Unterbringung des Hundes geschieht im hinteren Teil des Autos und zwar absolut zugfrei. Alle 2 Stunden ist eine Pause einzulegen und der Hund angeleint herauszulassen. In einer Flasche nimmt man Wasser mit oder holt dies in einem Gasthof unterwegs und bietet es – besonders bei großer Hitze – dem Hund in seiner Wasserschüssel zum Trinken an. Die Fütterung erfolgt erst am Abend nach der Reise. Daraus resultiert die Überlegung, daß der junge Hund, der ja einer mehrmaligen täglichen Fütterung bedarf, nur bei zwingender Notwendigkeit, das heißt, wenn gar keine andere Versorgungsmöglichkeit besteht, mit an den Urlaubsort reisen sollte.

Bei Reisen in das Ausland ist eine Tollwutschutzimpfung Vorschrift, und mitunter wird eine amtstierärztliche Gesundheitsbescheinigung verlangt. Da die Einreisebestimmungen von Land zu Land verschieden sind und auch bisweilen Änderungen erfahren, ist rechtzeitig diesbezügliche Auskunft einzuholen. Das Mitnehmen von Hunden nach England, Irland und in die skandinavischen Länder ist wegen einer 4–6monatigen Quarantäne nicht möglich.

Bei Reisen mit der Bahn dürfen kleine Hunde – vorausgesetzt, daß sich Mitreisende nicht belästigt fühlen – im Abteil mitfahren, ($^1/_2$ Fahrkarte) große Rassen reisen dagegen in einer geeigneten Transportkiste im Gepäckraum des Zuges. Auch hier bedarf es gewissenhaften Abwägens, ob der mögliche Schock des jungen Hundes nicht größer ist als das zweifellos schöne Erlebnis, den Hund im Urlaub bei sich zu haben. Das muß ebenso bei den Überlegungen für das Pro oder Contra einer Flugreise Beachtung finden, wo zu dem Gefühl der Einsamkeit in einer besonderen Flugkiste noch die enorme Ge-

Das Gitter trennt den Fahrraum von Laderaum für den Hund und gewährleistet Sicherheit.

Links unten: In dem Herzchen findet sich die Anschrift des Hundehalters; während des Urlaubs sollte auch die Urlaubsanschrift dort hinterlegt werden. Auf Grund der Hundemarke ist ein entlaufener Hund leicht zu identifizieren.

Hundetransportkiste, die sich vor allem für den Flugtransport eignet.

räuschbelastung durch Fluglärm für den Hund hinzukommt.

Am Urlaubsort sollte der junge Hund, für den Fall, daß er sich einmal verläuft, am Halsband befestigt seine Urlaubsanschrift tragen.

In Ländern, in denen Leitungswasser zu trinken für den Menschen eine Gefahr bedeutet, darf man natürlich auch dem Hund solches Wasser nicht anbieten. Er bekommt dort kohlensäurefreies Wasser aus der Flasche.

Die Mitnahme einer Reiseapotheke auch für den Hund ist unerläßlich. Der Tierarzt ist vor Antritt der Reise bei der Zusammenstellung der geeigneten Mittel und Medikamente gerne behilflich.

Zeitaufwand für den jungen Hund

Ein junger Hund ist schon ziemlich zeitaufwendig. Das beginnt mit der Erziehung zur Stubenreinheit, anläßlich derer man ständig auf dem Sprung sein muß, und auch wenn der junge Hund bereits sauber ist, muß er immer noch mindestens viermal täglich zur Verrichtung seiner Notdurft hinausgeführt werden.

Der etwas ältere Junghund muß täglich eine Stunde spazierengehen und nach entsprechender Erziehung auch frei laufen dürfen; das heißt, ohne Leine kann sich der junge Hund erst dann bewegen, wenn so viel Gehorsam gewährleistet ist, daß er auf Rufen zu seinem Herrn zurückkommt. Deshalb ist auch das Üben des Kommens auf Ruf in die allerersten Erziehungsmaßnahmen eingebunden.

Auch wenn ein Garten vorhanden ist, in dem sich der junge Hund ausgiebig tummeln kann, darf der tägliche Spaziergang nicht entfallen. Der junge Hund vermag sich nur durch Konfrontation mit der Umwelt und allen damit verbundenen Ereignissen auf diese einzustellen und so kann er ihnen ohne Furcht begegnen. Dazu gehört auch der Umgang mit anderen Hunden, dessen Wichtigkeit für den jungen Hund schon vorher beschrieben wurde.

Nach dem Spaziergang werden dem Hund die Füße gesäubert, vor allem, wenn es sich um ein langhaariges Tier handelt. Denn in einem langen Fell kann sich gerade beim Laufen im Wald viel mehr ansammeln (Laub, Holz u. ä.), wie das bei einem kurzhaarigen Hund möglich ist. Daraus wird ersichtlich, daß ein kurzhaariges Tier pflegeleichter als eines mit langem oder zottigem Haar ist; das heißt, der Zeitaufwand für ersteren ist ein geringerer. Auch der Spaziergang bei regnerischem Wetter verursacht beim langhaarigen Hund ein Mehr an Nachsorge wie Trocknen der Füße und eventuell auch des Bauches. Für das tägliche Bürsten ist eine Viertelstunde Zeit aufzubringen, bei großen Rassen und solchen mit dichtem Unterhaar mehr.

Das Vorbereiten der Mahlzeit und das Verabreichen derselben schlägt mit je 20–30 Minuten zu Buche (10 Minuten für Futter richten und 10 Minuten Verzehren); etwas weniger zeitaufwendig ist die Gabe von Fertigfutter.

Einer wöchentlichen Wäsche bedürfen die vom Hund beschmutzten Dekken, und daß dem vorwiegend im Zwinger gehaltenen Hund stets ein tadellos sauberes Lager zur Verfügung steht, sollte selbstverständlich sein.

Hier entsteht eine dicke Freundschaft.

Vorbereitung für spezielle Aufgaben

Hundehaltern mit sportlichem Ehrgeiz, aber auch solchen, die unter fachlicher Anleitung gemeinsam mit anderen Hundebesitzern ihren Hund führen und erziehen möchten, ist der Besuch eines Hundesportplatzes mit dem jungen Hund angeraten. Allein schon die Begegnung mit anderen Hunden entwickelt in dem jungen Hund ein Verhältnis zu diesen, wie es auch außerhalb des Hundesportplatzes erwünscht ist.

Im Breitensport, der allen Hunden, ob groß oder klein, ob Rassehund oder Mischling, offensteht, kann der junge Hund in der Gesellschaft von Artgenossen die ersten Anstandsregeln kennenlernen und die entsprechenden Kommandos und Übungen befolgen und ausführen.

Später können sich – je nach Eignung – Spezialprogramme wie die Ausbildung zum Schutzhund oder Fährtenhund anschließen.

Mancher Hundehalter möchte seinen Rassehund auf Hundeausstellungen zeigen, wozu es einiger Vorbereitungen bedarf, die schon beim jungen Hund einsetzen müssen. Das optimale Präsentieren vor den kritischen Augen des Richters kann der Hund nicht erst am Tag der Ausstellung erlernen; es muß schon vorher rechtzeitig geübt werden.

Während der Vorstellung geht der Hund ruhigen Schrittes ›bei Fuß‹. Er darf nicht hochspringen, in die Leine beißen oder anderen Unfug treiben. Solches kann allenfalls dem ganz jungen Hund auf internen Club- oder Vereinsschauen noch verziehen werden, da dort noch nicht um höchste Lorbeeren gekämpft wird. Anders der künftige Champion: Von ihm wird tadelloses Benehmen erwartet.

Auf Ausstellungen sind leider immer wieder wahre Ringkämpfe zwischen Herrn und Hund zu beobachten, wenn es darum geht, dem Richter das Gebiß des Hundes vorzuzeigen. Das zeugt davon, daß nicht bereits mit dem jungen Hund entsprechend geprobt wurde. In sitzender Position des Hundes hebt der Hundehalter bei geschlossenem Fang die Lefzen an, so daß die Schneidezähne und die vorderen seitlichen Zähne zu sehen sind. Der Richter kontrolliert auf Vollständigkeit und Stellung der Zähne. Zum Besehen der hinteren Backenzähne wird der Fang geöffnet. Wird der junge Hund bereits derart vorbereitet, kommt es später im »Ernstfall« nicht zu solch leidigem Schauspiel im Ausstellungsring.

Junge Collies – einer alten schottischen Schäferhundrasse zugehörig.

Literaturverzeichnis

Baumann, D.: Beliebte Hunde. Eugen Ulmer Verlag, Stuttgart 1986.

Baumann, D.: Hunde erziehen. Eugen Ulmer Verlag, Stuttgart 1987.

Brunner, F.: Der unverstandene Hund. Verlag J. Neumann-Neudamm, Melsungen 1981.

Donath, W. F.: Hunde gesund ernährt. Albert Müller Verlag, AG., Rüschlikon-Zürich 1978.

Korn, B.; Treutmann, H.: Das große farbige Hundelexikon. Albert Müller Verlag, AG.,

Niemand, H. G.: Hundehaltung aber wie? Verlagshaus Oertel & Spörer, Reutlingen 1981.

Pschyrembel. Klinisches Wörterbuch. Verlag Walter de Gruyter, Berlin, New York 1986.

Quednau, F.: Rechtskunde für Hundehalter. Verlag Paul Parey, Hamburg und Berlin 1987.

Schneider, A. u. W.: Hundekrankheiten, Frankckh'sche Verlagshandlung W. Keller & Co., Stuttgart 1987.

Bildquellen

Baumann, D.: Seite 6, 7, 11, 12, 13, 14, 15, 18, 25, 28, 29, 32, 39, 47, 48, 50, 51, 52, 53, 55, 67, 80, 93, 94, 95, 96, 97, 104, 105, 108, 110, 112, 114, 116, 117

Reinhard, H.: Umschlag, Seite 2, 8, 20, 31, 37, 43, 56, 63, 115, 119, 120

Register

Seitenzahlen mit Sternchen * verweisen auf Abbildungen

LEITFADEN ZUR HUNDEERZIEHUNG

»Die Natur macht den Welpen, doch → **der Mensch macht den Hund**.« Mit diesen Worten ist gemeint, daß es Aufgabe des Menschen ist, die naturgegebenen Anlagen des Hundes zur Entfaltung zu bringen und zu fördern, aber auch, daß der Mensch imstande ist, durch falsche Behandlung und Erziehung die besten Charaktereigenschaften des Hundes verkümmern zu lassen oder gar zu verderben. Die Hundeexpertin Doris Baumann geht in diesem Buch auf → **alle grundlegenden Fragen** von der Erziehung des Welpen bis zur Ausbildung zum Spezialisten ein. Ausführlich werden die einzelnen → **Lektionen und Übungen** Schritt für Schritt erläutert, wobei der Text durch begleitende Bilder hilfreich ergänzt wird. **Hunde erziehen**. Von → **Doris Baumann**, Bad Urach. 196 Seiten mit 41 Farbfotos, 36 SW-Fotos und 6 Zeichnungen. Kt.→ **DM 38,–.**

Erhältlich in Ihrer Buch(Fach)handlung
oder beim **Verlag Eugen Ulmer**,
Postfach 70 05 61, 7 Stuttgart 70

E.U.
VERLAG
EUGEN
ULMER

ZUR WEITEREN LEKTÜRE EMPFOHLEN

Hirten- und Hütehunde. Entstehung und Nutzung der Rassen und Schläge, ihre Haltung, Ausbildung und Leistungswettbewerbe. Von → **Prof. Dr. Karl-Hermann Finger**, Gießen. 247 Seiten mit 9 Farbfotos, 110 SW-Fotos und 20 Zeichnungen. Geb. → **DM 68,–.**

Beliebte Hunde halten und erziehen. Von → **Doris Baumann**, Bad Urach. 127 Seiten mit 60 Farbfotos und 21 Zeichnungen. Kt. → **DM 16,80.**
(Ulmer TB 23)

Nordische Hunde. Nordische Jagdhunde, Japanische Spitze, Nordische Hüterassen, Schlittenhunde. Von → **Doris Baumann**, Bad Urach. 207 Seiten mit 40 Farbfotos, 9 SW-Fotos und 10 Zeichnungen. Kst. → **DM 46,–.**

Terrier. Von → **Karl Meinhardt**, Reken. 187 Seiten mit 30 Farbfotos und 33 SW-Fotos. Kst. → **DM 48,–.**

Schnauzer und Pinscher. Von → **Heinz Höller**, Alsdorf. 160 Seiten mit 21 Farbfotos, 62 Schwarzweißfotos und 6 Zeichnungen. Kst. → **DM 48,–.**

Mein Freund der Dachshund. Eine Rassenmonographie des Teckels. Von → **Dr. Erich Schneider-Leyer**, Schloß Scheer. 5., erg. Auflage. 184 Seiten mit 36 Abb. auf Tafeln und 24 Abb. im Text. Kst. → **DM 38,–.**

Der deutsche Schäferhund mit seinen belgischen und niederländischen Verwandten. Von → **Dr. Erich Schneider-Leyer**, Schloß Scheer. 2., verb. Auflage. 184 Seiten mit 69 Abb., Hln. → **DM 38,–.**

Windhunde. Von → **Walther Opitz**, †. 219 Seiten mit 16 Farbfotos, 29 Zeichnungen und SW-Fotos. Kst. → **DM 48,–.**

Pudel. Von → **Annemarie Wolff-Talbot**, Prien. 176 Seiten mit 25 Farbfotos, 35 SW-Fotos und 45 Zeichnungen. Kst. → **DM 46,–.**

Prospekte kostenlos.

Erhältlich in Ihrer Buch(Fach)handlung oder beim **Verlag Eugen Ulmer**, Postfach 70 05 61, 7 Stuttgart 70

E.U.
VERLAG EUGEN ULMER